学級経営サポートBOOKS

赤坂 真二 [著]
Shinji Akasaka

資質・能力を育てる問題解決型学級経営

明治図書

はじめに

　先日，ある自治体の教育委員会の学力向上担当班の責任者と話しました。「学力向上の秘訣は何ですか。」と問うと，彼は，

「学級経営です。」と即答しました。

　数多くの学校を訪問し，学力向上に関する指導をしている専門家が，迷わず導き出した答えがこれです。学力向上の基盤は学級経営だと認識している教師は数多くいます。私が訪れる学校の校長先生方は，「学校教育の基盤は学級経営である」と断言します。

　それにもかかわらず，現在の教員養成課程には学級経営という専門科目はありません。必修ではないのです。その結果，多くの新人教師が幾ばくかの授業方法や指導案の書き方を学んだだけで教壇に立つことになります。教職は，この高度に複雑化したニーズをもった社会でインターン期間も見習い期間もなく，

いきなり最前線に立たされる極めて特殊な仕事です。

　「初任者研修があるではないか」と言われるかもしれませんが，子どもたちや保護者にとって学級担任になったら新人もベテランも関係ありません。メンターシステムや副担任制度によって，見習いのような経験をすることができる初任者もいますが，新人が激増する昨今ではそれは一部です。

　学級経営において共通事項を学んでいないことは，学校経営にも少なからず支障をきたします。ある教室では，教師の号令一下で規律訓練型の教育をしているかと思うと，その隣では子どもたちの自主性を尊重する教育をしています。一人一人の教師によって，学級経営観が全く違うわけです。これでは，子どもたちも保護者も戸惑います。両者が同じ学年を組んだりすると，

対立や不協和音が起こることがあります。

　学級経営をせずに教科書の内容を教えることは，畑を耕さずに種をまいて放置するようなものです。種が芽を出し，育ち，花を咲かせるには，それなりの環境をつくらねばなりません。しかし，現在の教員養成では種をまくことだけを学んで，教師になるのです。

　しかし，新学習指導要領では，小・中・高を通じた「学級経営の充実」を掲げ，そこで身に付ける能力や道筋にまで言及しました。その中核となる能力が，協働的問題解決能力です。簡単に言えば，他者と力を合わせて問題を処理する力です。「なんだそんなことか」と思うかもしれませんが，これから大きく変わる社会で，この能力は子どもたちの未来を拓く力となります。

　現在の学校教育は，この協働的問題解決能力を育てているのでしょうか。あるお父さんから，次のようなお話をお聞きしました。「ちょっと大変な地域」から，「学力向上」に力を入れる地域に転校してきた小学5年生の娘さんとお父さんが，次のような会話をしたそうです。

娘「ねえ，お父さん，ここの学校の子どもたちは，凄いんだよ。みんなエリートなんだよ。」

父「どうして，そう思ったの。」

娘「だってね，この前，算数のテストがあったんだけど，みんな満点なんだよ。びっくりした。」

父「そうかい，よかったね。〇〇（娘の名）も，苦手な算数ができるようになるかもしれないね。」

娘「うん……でも～。」

父「どうしたんだい？」

娘「ここの学校の人たちは，トラブルが起こっても自分たちで解決できないんだよ。」

父「みんな，どうしているの？」

娘「先生が来るまでな～んにもしないの。面白いでしょ。」

この小学校の子どもたちは，確かにテストの成績はよいのかもしれません。

　しかし，どんなに高い点数を取ることができても，自分たちの身の回りの問題を解決しようとはしないのです。それで，本当に生きる力を育てていると言えるのでしょうか。

　本書は，新学習指導要領に準拠しながら，子どもたちがこれからをたくましく生きるために必要な資質・能力を育てるための学級経営のあり方を示しました。第1章では，先ずみなさんの努力を成果に結びつけるために何に重点を置くべきかを考察しました。ここを踏まえておかないと学級経営すら「種まきのみ」になってしまう恐れがあるからです。また，第2章，第3章では，新学習指導要領における学級経営とそれを可能にする学級経営力とは何かに迫りました。そして，第4章では，協働的問題解決能力を育成する学級経営の具体策を示しました。

　本書が，「授業づくりと学級経営，どちらが大事か」といった不毛な二項対立を越えて，子どもたちに明るい未来を示す教育を実現するきっかけになれば，これに勝る幸せはありません。

赤坂　真二

CONTENTS

第1章 なぜ，あなたの仕事が成果に結びつかないのか …… 9

1 いろいろ勉強してきたけれど …… 10

2 仕事の成功は …… 14

3 「経営なき教育」の展開 …… 19

4 学級崩壊は誰のせい？ …… 24

5 学級経営の実践的な問題 …… 27

第2章 新学習指導要領と学級経営 …… 37

1 新学習指導要領における学級経営の位置づけ …… 38

2 アクティブ・ラーニング，ホンモノとニセモノ …… 42

3 なぜ，ＡＬなのか？ …… 48

4 社会に開かれた教育課程のなかで …… 53

5	新学習指導要領の本旨	61
6	幸せを創造する力を発動するもの	63
7	変化の時代を生きる力	71

第3章 資質・能力の中核 —— 77

1	確かな学力の優先順位	78
2	「ややこしい」身に付けたい力	83
3	子どもたちの未来に関心をもっているか	88
4	ＡＬと学級経営	92
5	教科の専門性とは	95
6	ＡＬを阻害する「部分最適」という病	100
7	曖昧さと決別する学級経営	106
8	学級経営で身に付けるべき資質・能力	112
9	学級経営力とは？	119

第4章 協働的問題解決能力を育てる学級経営 ………… 125

1 子どもたちの人生のダメージ …………………………… 126

2 問題解決型学級経営のゴールイメージ …………… 134

3 問題解決型学級経営のプロセスイメージ ………… 143

4 リーダーシップの変換 ………………………………… 149

5 あなたの指導力を左右する信頼の優先順位 …… 156

6 子ども同士の信頼関係は「しつけ」から …………… 164

7 協働は万能に非ず ……………………………………… 169

8 教師が何もしなくていいようになるためには，
    教えるべきことがある …………………………………… 176

9 協働的問題解決能力を育てる活動 ………………… 183

10 問題解決型学級経営のロマンとリアル …………… 189

第 **1** 章

なぜ，あなたの仕事が
成果に結びつかないのか

第1章 なぜ，あなたの仕事が成果に結びつかないのか

1 いろいろ勉強してきたけれど

クラスによって異なる授業の様相

年間に多くの先生方とお会いします。懇親会などで「お悩み相談」みたいになることがあります。それなりに経験を積んだ先生の中に，次のようにおっしゃる方がいます。

「私は，若い頃から教育書も読み，セミナーにも参加して，それを授業に反映させてきました。また最近は，協同学習やファシリテーションなどの交流型の学習のブームなので，そうした研修会にも参加して教室でやってみるのですけどね，どうも『しっくり』こないのです。」

私費と自分の時間を使って遠くまで学びに行かれる方ですから，学ぶ意欲は十分ですし，また，多くのことを知っておられます。授業がそれほどうまくいっていないわけではないし，勿論，クラスが荒れているわけでもありません。しかし，ご本人の表情は優れません。「そんなことないですよ」と言ってほしいのかなと思ってそう言ってはみるのですが，どうやら本気で悩んでいるようです。

確かに，学んできたことを教室で適用してもうまくいかないことはあります。私もありました。聞いたように読んだようにやっても子どもたちは同じように動きません。そうした経験をおもちの方は少なくないのではないでしょうか。全国で飛び込み授業をする筑波大学附属小学校の桂聖氏は，次のように指摘しています[1]。

「同じ学年，同じ教材で，同じような授業展開で授業を行うことがあります。

でも，同じ授業にはなりません。なぜなら，各学級で子どもの実態が違うからです。」

　同じ教材で，同じような指示や発問をしても，子どもたちの実態が違えば，反応が違うわけです。

　また，こうした子どもたちの実態による反応の違いは，授業に限ったことではありません。特別支援教育のスペシャリストの川上康則氏は，次のように指摘します＊2。

　「個に"特化し過ぎた"支援を行うことでかえってクラスが荒れてしまうという事例が相次いで報告されるようになりました。「なぜＡ君だけが許されるのか？」個別の支援が，教師への反発を招くきっかけになってしまったり，「Ａ君だけ特別ね」「Ａ君は楽できていいね」といったからかいを助長してしまったり…これではせっかくの支援も空回りしてしまいます。」

　ニーズのある子のために然るべき手立てを打っても，そのために教室が荒れてしまう事例があります。教師の配慮や善意が，他の子どもたちの「嫉妬」を招くわけです。せっかく教師が優れた手立てを学んできても，クラスの実態によって，それが機能して子どもたちの適応を高める場合もあれば，一方で，川上氏が指摘するように教室全体の教育効果を下げてしまう場合もあるのです。

　これは，どのようなことから起こる問題なのでしょうか。授業における教材・指示・発問，また，特別なニーズに基づいた支援は，大きく括って教育技術だと言うことができます。同じ技術でも，それを適用する対象によって効果が異なるわけです。しかし，この現象は他のことに置き換えてみれば特別な話ではありません。切ろうとする物によって刃物を変えるのは常識でしょう。どんなに美しい洋服でも似合う人と似合わない人がいます。しかし，これが教育の話になると，全国どこでもどんな子どもたちにも同じ方法でという話が，当たり前のように受け入れられてしまいます。

　桂氏が指摘するように，これはクラスの実態の違いによるものです。つまり，

> 学級経営の問題

だと指摘できます。

異なる教育効果

　セミナーで「〇〇先生が言ったようにやってみた……」また，「△△先生の本に書いてあったので，同じようにやってみた……」しかし，「うまくいかなかった」という体験をすると，「あの先生は嘘を言っている」とか「あの方法は役に立たない」といったことを言う方がたまにいます。しかし，別な話に置き換えてみれば，こうした現象は，当たり前のことです。「小刀で大木を切ってみた」，当然切れません。「子ども服をお年寄りに着せてみた」，あまり似合いません。そもそもサイズが合いません。「日本人にポルトガル語でジョークを言ってみた」，勿論笑いません。これらはみな，方法とそれを適用する対象がずれています。

　全国の子どもたちの実態は一様ではないのです。同じ学年，同じ教材で，同じような授業展開で授業をしても，クラスの実態が違えば異なる反応が返ってくることは当然のことです。きっと冒頭に紹介した先生も，学んだことや過去にうまくいったことを現在のクラスに適用してみたけど，うまくいかないのです。思ったような反応が返ってこないので，「しっくりこない」わけです。その先生がこれまで学んだことには，全て価値があります。しかし，学んだことが適用できるだけのクラスの実態をつくるための学びが足りなかったのではないでしょうか。

　しかし，この先生が特別に誤った認識をもっている教師だとは思いません。私たちの国は，等質，同質が前提となっていて，それをよしとする風土があります。また，教育は全ての子どもたちに等しく保証されるべきものであり，だからこそ，全国一律の学習指導要領で，国の検定に合格した教科書

に準拠して授業が行われるわけです。だから，個々の教師が，「同じやり方で同じ効果」を願っても，責められるべきことだとは思いません。

　ただ，これからは，クラスの実態には差があるという現実をもっと積極的に受け止めねばならないでしょう。そして，さらに重要なのは，有効だと捉えられている方法論も，

> クラスの実態によって，教育効果が全く異なる

ということを知っておくべきです。そして，それに対応する学びも積んでおく必要があるでしょう。なぜならば，子どもたちの実態は，日々刻々と変化しているからです。

第1章 なぜ, あなたの仕事が成果に結びつかないのか

2 仕事の成功は

成功の循環

　では, 学級経営とは何なのでしょうか？　学級経営に関する主張や研究は, これまでもなされてきましたが, 明確な定義が見当たりません。学習指導要領においても, 「学級経営とは〜である」としっかりと説明されていないのが現状です。

　それでは別な角度から説明を試みたいと思います。

　学級経営は, 英語で「クラスルーム・マネジメント」と訳されます。マネジメントという言葉は, いろいろな方が定義をしていますが, 私は, 中原淳氏のものがとてもわかりやすいと思います。中原氏は, 「マネジメントの本質とは「自分で為すこと」ではなく「他者によって物事が成し遂げられる状態」をつくること」と言います[*3]。マネジメントをする人が, マネージャーになりますが, 中原氏は, マネージャーの仕事の本質は, 「他者を通じて物事を成し遂げること」と言います。これを学級経営に置き換えてみれば, 教師の仕事がとてもクリアに見えてきます。

　自分とは教師であり, 他者とは子どもたちに置き換えることが可能です。すると, 学級経営は次のように説明できるのではないでしょうか。

> 　クラスにおける諸活動において, 「教師が為す」ことではなく, 「児童生徒によって物事が成し遂げられる状態」をつくること。

　従って, 学級経営における教師の仕事の本質は,

> 児童生徒を通じて物事を成し遂げること

となります。

　日本の学校教育においては，学級経営と授業（特に教科指導）を分けて捉える考え方をする方もいますが，授業はマネジメントの一環ではないでしょうか。授業は「教師が為すこと」かもしれませんが，学習は「児童生徒によって為されること」だからです。

　よい授業とは何でしょうか。とても粗くかつシンプルに捉えれば，ねらいを達成した授業です。教師が流れるような所作で美しい授業をしたとしても，子どもたちが学んでいなかったら，それはよい授業として評価されないでしょう。ねらいを達成するのは誰でしょうか。それは他ならぬ子どもたちです。授業のねらいは教師が達成するものではなく，子どもたちによって達成されるものです。このように考えると

> 学級経営も授業も，基本的にマネジメントの性格をもっている

と言えるのです。

仕事の成功は関係の成功にあり

　マネジメントの成功も失敗も，この「他者によって」というところにかかっています。つまり，成功する人は，ここのところでうまくやり，失敗する人はここがうまくやれない。学級経営も授業も，対象とする他者にいかにかかわるかが成功のポイントと言えます。つまり，

> 関係の成功が，仕事の成功をもたらす

第1章　なぜ，あなたの仕事が成果に結びつかないのか　15

わけです。
　このことを，マサチューセッツ工科大学のダニエル・キムは，「成功の循環モデル」で説明しています[*4]。組織としての"結果の質"を高めるためには，一見遠回りに思えても，組織に所属するメンバー相互の"関係の質"をまず高めるべきだという理論です。よい関係が，よい考えを生み，それがよい行動につながり，よい結果がもたらされます。そして，さらにそのよい結果が，よりよい関係をつくるということです。学級経営も授業も，教師と子どもたちからなるクラスという組織で成果を上げる営みだと捉えることができます。何をもって「よい」とするかはひとまず置いておいて，成功の循環理論に基づけば，

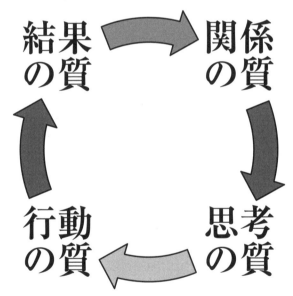

Daniel H. Kim『Organizing for Learning』をもとに筆者作成

> よい学級も，よい授業も，メンバー相互の良好な関係からもたらされる

と考えることができます。

　こうした理論をもち出すまでもなく，関係のよいクラスでは何をやっても
うまくいくことは容易に想像できることでしょう。みなさんも，職場での人
間関係がよかったら，それなりによい仕事ができるでしょう。またその逆で，
人間関係が悪かったらその場にいることすら辛くなることでしょう。

　授業法をたくさん学んできたのに，授業がなんとなくうまくいかないの
は，授業が行われているそのクラスに授業を機能させるだけの関係が育って
いない可能性があります。それは，教師と子どもたちの関係かもしれないし，
子ども同士の関係かもしれないし，その両方かもしれません。教師がレベル
の高い教授法を適用しても，子どもたちとの人間関係や子ども同士の人間関
係が，それを機能させるだけの状態ではないことは確かです。

　ちなみに，この成功の循環モデルは，ビジネスシーンで多く引用される理
論の一つです。ビジネスマンのブログや企業研修を請け負う会社の HP で
よく見かけます。しかし，教育現場では，関係の成功が学級経営や授業の成
功につながることが共有されることは希です。学力向上に取り組もうとして
いる学校において，人間関係づくりに取り組もうという提案があると必ずと
言っていいほど，「そんなことをして意味があるのか」「そんなことをしてい
る余裕はない」などの声が上がります。

> 教育界では，「関係の質」と「結果の質」の向上のつながりが必ずし
> も共有されていない

現状があります。

　人間関係づくりなんてやらなくてもうまくやっているよ，という教師は，
それが必要ない実態のクラス，つまり，良好な関係が担保されているクラス

第1章　なぜ，あなたの仕事が成果に結びつかないのか　17

を担当しているか，良好な関係が必要とされない授業をしているのだろうと考えられます。具体的に言うと，一斉講義型の授業をしている教師にとっては，自分と子どもたちさえつながっていれば，学級経営などはまさに余計な時間であることでしょう。

　集団教育というスタイルをとるわが国の学校教育において，学級経営や授業という営みの本質はマネジメントであり，教師という仕事の本質はマネージャーであると考えられます。学級経営や授業で成果を上げられない教師は，関係の構築のところでうまくいっていないと考えられます。

第1章 なぜ，あなたの仕事が成果に結びつかないのか

3 ▶ 「経営なき教育」の展開

教員養成の大きな穴

　教育効果が上げられない重要な要因として，教師がマネジメントをしない，いや，知らないということが挙げられます。その状況は，教員養成の段階から始まっているようです。

　大学院で学級経営に関する講義をしていた時のことです。他の大学の学部から進学してきたストレートマスター（学部卒院生）の一人が怪訝な表情をしていました。

　「どうしたの？」
と尋ねると，

　「ちょっと，ピンとこないです。」
とのことでした。周囲にいた数人のストレートマスターに同様のことを尋ねると，やはり，

　「よくわからない……です。」
との答えでした。念のために言っておくと，彼らはとても真面目な授業態度で，内容を一生懸命理解しようとしていました。それでも，「よくわからない」のです。もちろん，私の講義内容，方法の問題もあるとは思いますが，話をしていて気づかされるのは，学級経営にそれほど必要感がもてないでいるということです。

　今度は，学部3年生の授業で尋ねてみました。

　「教師になったとして，『明日，国語の授業を1時間やってみてくれませんか』と言われたらできる？」

第1章　なぜ，あなたの仕事が成果に結びつかないのか　19

すると，

「できると思います。」

と，言います。そこで，次の質問をしました。

「では，『明日，学級経営をしてください』と言われたらできる？」

すると，

「で，できません。」

理由は，「何をしていいのかわからない」のだそうです。彼らは，半年後に採用試験を受ける学生たちです。

多くの現場の教師たちが「大事だ」と強調する学級経営に対して，学生たちは，ほぼこのような状態で現場に出されるのです。若手教師の何割かが，学級経営に困難を抱えるのは無理もないことです。教師へのニーズが多様化するなかで，教員養成のカリキュラムには，様々な穴が指摘できますが，

> 学級経営を学ぶことができないことも「大きな穴」

だと言えるでしょう。

学校教育の弱点

これは，教員養成だけの課題なのでしょうか。下に示すものは，教員免許更新講習で私の講座を受けた，20年目の教師の感想です。

「日頃実践していることに自分自身がこれでいいのかなと自信をなくしていることがいくつかあります。前はうまくいったのに今はなかなかうまくいかない状況に，子どもの変化に自分自身がうまく対応しきれていないのだと思います。」

教職20年が経過しても，日々やってきたであろう学級経営に自信がもてない様子や戸惑いが読み取れます。また，学級経営の講座を聞いたベテラン教師の感想によくあるのが，特に現在は管理職や主任を務めていて学級担任を

していない教師の「いいお話でした。今日のお話を，若い同僚に聞かせたかった。」というものです。こうしたコメントから，学級経営が若手教師にとって必須の課題であるとの意識がうかがえます。

　しかし同時に，教員免許更新講習で，10年目，20年目のミドルやベテランの世代の教師からは先に紹介したような，学級経営に関して「今も悩んでいる」「未だによくわからない」という声も聞こえます。こうした背景として，「学級経営の問題は若手のものだから，今さら聞けない」ということと同時に，「学級経営を学ぶ場がない」という教員研修のあり方の問題が指摘できるでしょう。

　先ほど，学級経営をマネジメントとして捉えることから，中原氏の説明を引いて，その営みを説明しました。組織において成果を上げるために必須の営みであるはずなのに，学級経営が教員研修で学ぶべきことの対象になっていない実態がうかがえます。

　ここにわが国の

> 子どもたちの素直さと，だからこそ発生したであろう落とし穴の構造

が見えます。学級経営が困難な状況になったのは，2000年前後と言われています。それまでの学校教育で想定されていた大方の子どもたちは，教師の言うことを受容する「素直モデル」でした。しかし，2000年くらいから，「素直モデル」が崩れてきました。子どもたちが学校において，児童生徒の役割を演じなくなってきたのです。それまでは大抵の子どもたちが，学校に来たら，児童なり生徒なりの役割を担ってくれたわけです。子どもたちの生活のなかに「公と私の区別」があったと考えられます。それが，これくらいの時期からなくなっていったのです。

第1章　なぜ，あなたの仕事が成果に結びつかないのか　21

個人的努力に任される学級経営

　学級経営を若手の課題と捉えがちなのはベテランの世代です。「若い同僚に聞かせたかった」という発言の裏には，

> 「自分はできている」という意識

が見え隠れしてなりません。かつては，実際にできていたのでしょう。恐らく彼らが最も勢いのある実践をしていた10〜15年くらい前（恐らく30代のとき）は，大抵の子どもたちがまだ「素直モデル」だった状況だろうと推測されます。だから，現在の学級担任が抱える学級経営の問題を，過小評価してしまう傾向があるのではないでしょうか。

　若手のクラスが崩れる想定としては，その教師の不手際もあるかもしれませんが，それだけではありません。若手の教師が担任する教室にベテランが入ると，ルールやしつけの面で不備が目につくことがあります。すると，ベテラン教師は，叱る，怒るなどのかつて自分がやってきたマネジメントの方法をとります。するとベテランと子どもたちの関係が悪くなりクラスが荒れることがあります。担任は，ベテランに「あなた担任なんだからなんとかしなさい。」と言われ，ベテランとも関係が悪くなります。本来は，自分を守ってサポートしてくれるであろうベテランが，悩みの種になるのです。

　若手教師は，子どもとも先輩とも関係が悪くなり八方ふさがりになるわけです。繊細な若手教師は，これではひとたまりもありません。今，便宜的に「ベテランが」という表現をしましたが，年齢に関係なく学級経営を学んでこなかった教師に起こり得ることと指摘できるでしょう。また，「素直モデル」の子どもたちと過ごし，「なんとなくうまくやれてきたベテラン」に学んだ次の世代にも同じことが起こり得ます。

　実際にベテランの世代で，「荒れたクラスを担任したことがないから，そうしたクラスの指導法がわからない」と告白してくれる正直な方もいます。

こういう方はいいのです。自分ができないことを自覚していますから。

> 問題は「できたつもりになっている人」

です。そういう方は得てして「今，困っている人」に冷淡です。「どうして
こんなこともできないのか」と問題に取り合おうとしなかったり，よかれと
思って自分のやってうまくいった方法を他者に押しつけてしまったりするこ
とがあります。

　少し言い過ぎでしょうか。しかし，大局的に見ると，わが国の学校教育
は，教科書の内容を教えることや伝えることに多くの時間と関心を払う割に，

> 子どもたちを組織したり，モチベーションを育てたりするなどのマネ
> ジメントが弱い

ことが指摘できます。少なくとも，マネジメントが学校全体で学ばれておら
ず，先生方の個人的な努力によって営まれているのが現状と言えるでしょう。

第1章　なぜ，あなたの仕事が成果に結びつかないのか

4 ▶ 学級崩壊は誰のせい？

学級崩壊のミクロ要因とマクロ要因

　クラスの機能が著しく低下した状態，所謂，学級崩壊の問題は，学級経営において避けては通れない問題です。1990年代から，小学校における学級崩壊が教育界で話題となり，2000年代初頭は世間の関心を集めました。現在は，数値としての学力に関心が向けられるなかで，学級崩壊などの学級経営の問題が注目されることは以前ほど多くはなくなりました。

　学級崩壊は，沈静化したのでしょうか。自治体の教育委員会レベルでは，調査をしているところもありますが，文部科学省は，現在に至るまでその数を報告していません。私が見るに，話題にならなくなったのは，それが日常化し，ニュースバリューを失ったからではないでしょうか。北海道から沖縄まで学校改善にかかわってきて言えることは，都心部から郊外部まで，クラスが機能不全に陥る状況は，厳然として「ある」ということです。

　学級崩壊の要因はこれまでいろいろと指摘されてきました。しかし，これといって決定的な要因がわかっているとは言い難い状況です。感情的な主張で「教師の力量不足」を指摘し，個人の教師の責任を追及しようとするものか，「社会の変化」を指摘し，諦めを促すようなものが多いように思います。そのようななかで須藤康介氏の研究は，社会学的な視点で，ミクロとマクロの両方から，学級崩壊という現象の分析を試みています[5]。

　須藤氏は，まず，学級崩壊のミクロ要因（教育実践的な要因）として，「小1プロブレム」「ベテラン教師」「学級規模」「個人要因」の4点を仮説としてその検証を試みました[6]。そして，次にマクロ要因（社会構造的な要

24

因）として，「教師の地位低下」「消費社会の浸透」「情報化社会の進展」の
３点を仮説として検証しました[7]。結論としては，「小１プロブレム」を
「小６プロブレム」として修正すれば，ミクロ要因つまり，教育実践的な要
因は正しいということであり，またマクロ要因つまり，社会構造的な要因の
３点も正しいことが支持されたとしています[8]。

削がれてしまった教師の指導力

　このことから考えられるのは，ミクロの要因「だけで」学級崩壊が起こっ
ていると断じることは危険だということです。須藤氏も指摘していますが，
かねてから高学年の子どもたちの指導は難しく，ベテラン教師は子どもたち
との関係づくりに苦労したものでした。そして，わがままな子も個別の支援
が必要な子もいたし，力量が低い教師もそれなりにいました。また，よくわ
が国の教育の不具合の象徴のように言われる学級規模の問題ですが，確かに
これまでは，諸外国に比して大きなサイズでした。しかし，近年は小規模化
が進み，改善が進んでいると言っていい状況です。つまり，教育実践的な要
因は，従来から学校教育においては指摘されていた問題だったということで
す。ただ以前は，クラス全体が崩壊するようなことはなかったのです。とい
うことは何が変わったのかと言えば，社会構造的な要因と考えられます。
　須藤氏の分析をまとめると，

　　根本の要因は，「教師の地位低下」

と言えるのではないでしょうか。「消費社会の浸透」も「情報化社会の進展」
も，教師の地位を低下させることに一役以上の役割をかっています。
　「消費社会の浸透」は，学校教育をサービス産業化し，保護者や子どもた
ちを「お客様」にしました。また，「情報化社会の進展」も，子どもたちが
教師以上に情報をもつことを可能にしました。インターネット社会の到来ま

第1章　なぜ，あなたの仕事が成果に結びつかないのか　　25

では，教師の権威は，教師が圧倒的に「知識をもっている」ということに由来していました。しかし，インターネットの登場によって必ずしもそうではなくなりました。こうした

> 社会構造的な要因が，挙って「教師の指導力の解体」を促し，教育実践的な要因への教師の対応力を削いでしまった

と考えられます。もし今，あなたのクラスが荒れているとしたら，またかつて，荒れたことがあるとしたら，「あなたが原因」とは言いきれません。しかし，それにどう対応するかは，「あなたの責任」（だった）と言えるかもしれません。

　このような現状で，現在の学級経営にはどのような問題が見られるでしょうか。

第1章 なぜ，あなたの仕事が成果に結びつかないのか

5 ▷ 学級経営の実践的な問題

学級経営の問題の所在

　クラスの荒れが，ミクロとマクロの要因からなるとして，しかし，マクロの要因を教師だけの力でなんとかしようとしても限界があります。なんといっても，消費者感覚に浸りきってしまった世の中の価値感を変え，情報化社会の進展を食い止め，教師の社会的地位を高めようということが無理なことは誰でもわかります。

　しかし，だからといってクラスが機能しない状況や機能が著しく低下した状況を指をくわえて見ているわけにはいきません。手を打つためには現状の分析が必要です。学校や教師がこの状況で何ができるかを考えるために，今，クラスでは何が起こっているのかを見据える必要があります。

　それでは，今，学級経営においては，どのような実践上の問題が見られるのでしょうか。あちこちの学校を訪問させていただき，クラスを拝見します。実態は様々ですが，機能の低下しているクラスには，これから指摘するようないくつかの共通点があります。ただ，ここで指摘したいのは，子どもたちの問題ではありません。子どもたちの生活の多様化により，クラスの実態は様々です。気になる子がどうとか，支援を要する子がどうとか，家庭的背景のある子がどうとか，国籍がどうとかなど，そうした理由による状態の多様化は，千差万別です。

　しかし，こうした子どもたちの問題がクラスの機能低下の理由としてよく挙げられますが，本当にそうなのでしょうか。先ほど指摘したように，クラスの機能低下の理由は，社会的状況の変化による教師の対応力の変化です。

第1章　なぜ，あなたの仕事が成果に結びつかないのか　27

特別支援が必要な子が比較的多数のクラスでも，外国籍の子が２割以上を占めるクラスでも，うまくいっているクラスはうまくいっています。学級経営の問題を子どもたちの問題にしているうちは，この問題の解決はおろか，軽減すらしないことでしょう。

> 学級経営の問題は，教師のリーダーシップの問題であると捉えるところからその解決が始まる

のです。それでは，学級経営における教師のリーダーシップの問題を考えてみたいと思います。

新しい管理のスタイル

「管理傾向が強まっている」といわれると，意外だと思われるかもしれませんが，これは，かつて校内暴力を治めたような強い圧力によるものではありません。若い先生方には信じられないかもしれませんが，1980年代は，全国の中学校，一部，高等学校を舞台に，「校内暴力」と呼ばれる荒れた状況が見られました。教師への反抗的行動だけでなく，校舎内で消火器の消火剤が撒かれたり，トイレの扉が破壊されたり，校舎内を自転車やバイクが走るなんてこともありました。

しかし，それは数年で収まりました。主な理由は，生徒指導困難校と呼ばれる学校には，力で制圧できる教師が配置され，徹底管理による鎮圧に成功したからだとされています。実際に，私が中学生の頃にはジャージ姿に竹刀を持って生徒指導をする教師を見ました。今となっては，「昔話」として伝えられていますが，当時の教師の話を聞くと，「命の危険」すら感じたそうです。その名残でしょうか，生徒指導イコール管理のような意識が，今も残っている現状があります。

ただ，さすがにこうした力による管理は，だいぶ影を潜めたと思います。

ところが，全く違ったタイプでありながら，管理教育を見かけることがあります。教師は怒鳴らないし，もちろん手を上げることはありません。しかし，着実に子どもたちの生活や学習を管理しています。それは，登校した瞬間から帰るまで，教師が「事細かく説明や指示や口出しをする」という形でなされる管理です。

> 「過干渉型」のリーダーシップ

です。

　過保護ではありません。保護しているわけではなく干渉しているのです。個々の教師がそうせざるを得ないし，したくてしているのではないことは，もと小学校の教師としては，とてもよくわかります。社会の変化により，子どもたちに失敗をさせることが許されなくなりました。保護者の目も厳しくなりました。子どもたちが失敗したりトラブルを起こしたりすると，教師へのクレームとなって返ってきます。従って，教師は子どもたちが迷わないように間違わないように，微に入り細にわたり，目を光らせ口を出すようになりました。

　ある教室（中学校）では，怒鳴ることすらありませんが，教師がずっと命令口調で指示をしていました。ところが，その教師と話をしてみると，子どもたちを困った生徒たちと思っているどころか，とても愛しているのです。しかし，その愛情ゆえでしょうか，ついつい，事細かに口出しをしてしまいます。また，ある教室（小学校）では，命令口調ではありませんが，細かな指示をずっと出し続けていました。「Aさん，はい，姿勢よくします。」「Bさん，ノートを出しましたね。」それを言い終わるか終わらないうちに，「Cさん，お口を閉じます。」そして，この合間に授業を進めます。だから，授業中はずっと教師が喋っている状態です。教師の口調は丁寧ですが，苛立ちはよく伝わってきました。

　素直で従順な子どもたちほど，自分たちで考えなくなり，受け身になり，

第1章　なぜ，あなたの仕事が成果に結びつかないのか　29

自ら発意して行動するようなことが少なくなります。ある小学校では、そうしたクラスの支援員さんが、耐えきれなくて教室から出てしまうようなこともありました。大人が耐えきれないのです。子どもたちは、どんな気持ちで過ごしているのでしょうか。

教師と子どもだけのつながり

　過干渉型のリーダーシップに子どもたちが馴染んでしまうと、クラスはこれから指摘するような状態になります。学級集団は、教師と子どもたちの関係だけではなく、子ども同士がつながっている状態の方がより安定します。
　しかし、

> 教師と子どもたちのつながりの形成の段階でとどまっている

クラスが見られます。どんなに落ち着いているように見えても、教師と個々の子どもしかつながっていませんから、担任が代わった途端にクラスが荒れるということが起こります。また、教師と個々の子どもたちとの関係で成り立っているクラスですから、一度、教師と子どもたちの関係が悪くなると、

一気に崩れる可能性があります。

　つまり，クラスの人間関係が，教師を鵜匠とした鵜飼いのようになっているわけです。これは小学校だけのことではありません。中学校でも，子ども同士の関係ができていないと，特定の教科で授業が成り立たなくなるということが起こります。鵜匠になれる教師の授業は成り立ち，鵜匠になれない教師の授業は荒れるのです。所謂，授業崩壊の状態です。

　学級集団の状態が，

　よいも悪いも教師次第

になっているのです。集団が，ある程度，リーダーによって影響を受けることは致し方ないことです。大人社会も同じです。子どもだけに，「どんな人にも同じ態度で接しなさい」と求めるのは酷です。しかし，それはあくまで「ある程度」の話です。それが授業成立に影響を及ぼすほどになると，結局，不利益を被るのは子どもたちです。

　「鵜飼い型」のクラスは，教師の前では「従順なよい子」になっていることが多く，教師中心に生活が回っているので，担任にはなかなか問題が把握できないために，改善が遅れることがあります。特に小学校では，問題が顕在化しないとこの構造に気づきません。中学校では，複数の教師が入れ替わり立ち替わり授業をしますから，小学校に比べて問題に気づきやすいようです。いずれにせよ，「気の合う人としか居られない」という傾向を助長している可能性があります。

第1章　なぜ，あなたの仕事が成果に結びつかないのか　31

教師の満足感優位

「鵜飼い型」クラスと似ていますが，もう少し学級崩壊のリスクの高いクラスの様相です。

クラスの子どもたちの居心地のよさを測定するＱ－Ｕ（河村茂雄，図書文化）という調査用紙があります。Ｑ－Ｕを開発した河村茂雄氏は，Ｑ－Ｕを用いて，東北，関東，中部，北陸の各地方の計5万人の小中学生を対象に調査し，子どもたちの学級に対する満足度を測定しています[*9]。それによれば，子どもたちが学級に居場所があると感じて満足していると見られる満足型学級は，小学校も中学校も3割程度で，あとは子どもたちの満足度が高くないと見られる状態です[*10]。また，河村氏は，「「崩壊した集団」や「荒れ始めの集団」など教育的な環境とは言えないような学級が1割はある」とも言っています[*11]。こうしたことから総合的に判断すると，6割くらいは，崩壊こそせずそれなりに教育活動が成り立っているけれども，子どもたちは満足していない学級だと推察することができます。

校内研修などでＱ－Ｕを見せていただくことがあります。勿論，学校によって違いがありますが，子どもたちの7割以上が居心地のよさを感じている

満足型学級は，少数です。この7割という数字ですが，河村氏は，「学級内の70%の子どもたちが学級生活満足群にプロットされている状態が，望ましい学級集団の状態」と説明します*12。7割が即ち良好な状態であると断定はできません。あくまでもアンケートの結果です。しかし，豊富なデータ量から割り出した目安は，それなりに説得力のある基準だと思われます。

ほとんどのクラスでは，満足感を感じている子どもたちが3割から5割くらいで，満足度が高いとは言えない状況です。

しかし，授業が成り立たないわけではないのです。

> 目に見えて荒れていないので，あまり危機感がない

のです。こうしたクラスでは，教師のやることに子どもたちが「つき合ってくれている」構造になっているので，潜在的に不満を抱えている場合があります。その不満が臨界点に達すると，子どもたちが反抗的な行動に出ることがあります。教師は「それほどいいわけではないが，そう悪くもない」または，教師だけが「まあまあいいかな」と思っている状態なのです。

これが教師の満足感が優位に立っているクラスです。崩壊のリスクが高まっているにもかかわらず，教師がそれほどそれを認識していない「裸の王様」状態になっているわけです。

新たな崩壊

2000年前後の典型的な学級崩壊は、「反抗型」「なれ合い型」と呼ばれるものでした。前者は文字通り、子どもたちが教師に対して積極的な反抗的行動をします。「教師いじめ型」などと呼ばれることもありました。それに対して、後者は、なんとなくルールがなし崩し的に守られなくなり、なんだか楽しくやっているように見えますが、正義が通らなかったり、あたたかな関係が希薄だったりして集団として機能しない状況になっているものです。

それに加えて近年見られているのは、

> 静かなる荒れ

と呼ばれる現象です。全国で教員対象のセミナーを開催し、また、地元や校内でも若手教師の育成に尽力する山田洋一氏は、「大規模校では、恒常的にいくつかの学級が崩壊かそれに近い状態である」ことを指摘し、さらに、「表面上は静かに授業を受けているが、学習活動に全く前向きでないという学級もある」と報告しています[13]。学習や活動に対して極めて低意欲な子どもたちが目立ち、そのなかで教師は孤軍奮闘しています。全員が着席をして、ノートや教科書を用意している姿も見られます。しかし、シラッとしてダラッとしていて、教室にメリハリや活気が感じられません。学級崩壊の萌芽期は、「元気な学級崩壊」が起こっていたと言えますが、日常化、広域化してきた昨今は、学級崩壊も元気を失っているようです。

第五の問題

「過干渉型」「鵜飼い型」「教師満足感優位型」「静かなる荒れ型」と便宜的に名付けたこれらの状況は、単独で起こっているのではなく、全てつながっていると見ています。

社会の変化や子どもの育ちの問題から，教師は子どもたちの学校生活の隅々にまで口を出さなくてはならなくなりました。また，クラスを担任する教師にとってはクラスを壊してはいけないという恐怖感もあろうかと思います。すると，教師が意図するしないにかかわらず，鵜飼い型構造の関係が強まります。結果的に，子どもたちの，自分たちで判断し行動する力が弱まり，受け身になります。受け身の子どもたちは，ただ教師の提示する状況のなかで，低い意欲や少ない充実感とともに，生活と学習を繰り返します。隅々まで管理された教室では，大抵の場合，大きな問題は起こりません。従って，手間のかかる学級経営に敢えてコストをかけようとすることはなく，日々を流そうとするような学級経営も出てきます。

　学力向上に注目が集まるなかで，教師の関心はどうやってテストの数値を上げるかに向けられがちになります。結果的に，学級経営に取り組んだり，それを学んだりすることが後回しになってしまいがちです。指摘したような学級経営における問題点に加えて，

> 　学級改善の優先順位が上げられない

状況があることも，五つ目の問題として指摘できるでしょう。

　子どもたちが受け身になっていく，「荒れ」る状況すら元気をなくしていくというこの状況は，主体的・対話的で深い学びの時代にとって，極めて深刻な事態と言えないでしょうか。

第1章　なぜ，あなたの仕事が成果に結びつかないのか　35

第**2**章

新学習指導要領と
学級経営

第2章　新学習指導要領と学級経営

1 新学習指導要領における 学級経営の位置づけ

大きな変化

　本書は，学級経営，それも学級集団づくりがテーマです。しかし，いきなりそこに切り込む前に，学習指導要領と学級経営のかかわりについて述べておきたいと思います。言うまでもなく，クラスは授業が実践され，カリキュラムが実現される場です。クラスのあり方が，学習指導要領と無関係でいいわけではありません。

　しかし，学級経営や学級集団づくりは，多くの教師がその必要性を実感している一方で，学習指導要領における位置づけは，いまひとつハッキリしないところがありませんか。新学習指導要領が告示されたわけですから，新学習指導要領と学級経営のかかわりをハッキリさせておきたいのです。そうすることにより，これからの学級経営の向かうべき方向性が見えてくると思うのです。本書は，

> 学級経営の本質に立脚しながらも，同時にこれからの学級経営の目指す方向性を示したい

のです。

　さて，教育効果に対して大きな影響力をもっているその学級経営ですが，平成29年３月に告示された学習指導要領において，大きく捉え方が変わった部分があります。中学校の総則の「第４節　生徒の発達の支援」「１　生徒の発達を支える指導の充実」において次のような表記があります。

38

学習や生活の基盤として，教師と生徒との信頼関係及び生徒相互のよりよい人間関係を育てるため，日頃から学級経営の充実を図ること。また，主に集団の場面で必要な指導や援助を行うガイダンスと，個々の生徒の多様な実態を踏まえ，一人一人が抱える課題に個別に対応した指導を行うカウンセリングの双方により，生徒の発達を支援すること。

　現行の学習指導要領と比較して，とても大きな変化が起こっているのですが，おわかりでしょうか。これだけ読むと違いがわからないかもしれません。これは，これまでの学習指導要領では，「生徒指導の充実」という形で記述されていた部分です。今回，中学校の総則で，初めて「学級経営」という言葉が用いられました。

　これは，平成28年12月21日の中央教育審議会「幼稚園，小学校，中学校，高等学校及び特別支援学校の学習指導要領等の改善及び必要な方策等について（答申）」（以下「答申」）の「第8章　子供一人一人の発達をどのように支援するか－子供の発達を踏まえた指導－」の「1．学習活動や学校生活の基盤となる学級経営の充実」の以下の記述を受けていると考えられます。

○　第3章2．(3)においても指摘したように，学校は，今を生きる子供たちにとって，未来の社会に向けた準備段階としての場であると同時に，現実の社会との関わりの中で，毎日の生活を築き上げていく場でもある。

○　そうした学校における，子供たちの学習や生活の基盤となるのが，日々の生活を共にする基礎的な集団である学級やホームルームである。これまで総則においては，小学校においてのみ学級経営の充実が位置付けられ，中学校，高等学校においては位置付けられてこなかった。

○　今回，子供たちの学習や生活における学校や学級の重要性が，今一度捉え直されたことを受けて，特別活動においても，第2部第2章16．に示すとおり，学級活動・ホームルーム活動の中心的な意義を踏まえた上で改善が図られることが求められる。総則においても，小・中・高等学校を通じ

第2章　新学習指導要領と学級経営　39

た学級・ホームルーム経営の充実を図り，子供の学習活動や学校生活の基盤としての学級という場を豊かなものとしていくことが重要である。

　上記の通りですが，これまでの学習指導要領において学級経営は，小学校のみに示されたものでした。しかし，新学習指導要領においては，

　小学校，中学校，高等学校の12年間を通じて充実させる

ように求めています。もう20年も前から学級経営をテーマにして本を書いたり講座をしたりしている身からすると，「ようやくここまできたか」という思いもありますが，学級経営を学ぶという観点で今の教員養成や学校現場を見ると，そう明るい気持ちになれません。

荒れたクラスで教育実習を

　以前拙著で，学級経営は，教員免許取得の課程に専門科目がなく，丸腰の状態で現場で学級経営を行わなくてはならない現状を指摘しました[*14]。現在，文部科学省は，平成28年11月の教育職員免許法の改正を受けて，20年ぶりの教職課程の見直しを進めていますが，小学校の新しい課程においても学級経営という科目の設置は見込まれていません。つまり，教員養成課程において，学級経営を「学ばない状態」はさらにこれからも続くと考えられます。

　教員養成課程において学生が学級経営に触れることができるのは，唯一，教育実習だと思われます。しかし，それも1ヶ月少々です。それに，教育実習生が実習に入るクラスのことを考えてみてください。

　みなさんの実習したクラスはどんなクラスでしたか？　恐らく，

　コントロール可能なクラス

だったのではないでしょうか。

　私を含めて教員免許を取得した圧倒的多数は，教師の言うことを聞く子どもたちのクラスで実習をしたはずです。だから，子どもたちがコントロール不能になったときに，どうしていいかわからないのです。授業が下手でも話がたどたどしくても，未熟な若者を「教師として扱ってくれる」子どもたちを相手にして，なんとなく「できた気」になって，プロとしての免許をもらうわけです。しかし，本当にプロとしての力量が試されるのは，コントロール不能な子どもたちに出会ったときではないでしょうか。

　少し挑発的に言えば，荒れたクラスを担任したこともなくコントロール可能な子どもたちをばかりを相手にして，「あれをやりました」「これをやりました」と言っている教師の話を聞いていると「説得力に欠けるな」と思います。その方が圧倒的な力量をもっているがために，「荒れたことがない」というならわかります。しかし，ある授業のカリスマ（全国でセミナーを行い書籍も多数執筆している教師）が，荒れたクラスを担任し，「なんにもできなかった」と言っているのを聞いて「やはりな」と思いました。学級崩壊と呼ばれるような実態のクラスを立て直すのは，容易ではありません。学級崩壊が顕在化した現状で，安易に方法論を切り売りするような情報発信は慎んだ方がいいのではと思っています。

　私はよく講座で，冗談半分，本気半分で言うことがあります。「荒れたクラスで教育実習をやってみたらいい」と。まあ，現場がそうしたクラスに教育実習生を入れるわけはありませんが，そこで過ごす時間は，実習生の教育観を刷新してくれることと思います。子どもたちが当たり前に登校し，当たり前に話を聞き，当たり前に学習する，そんな当たり前の日常がどんなに尊いことか気づくはずです。

第2章　新学習指導要領と学級経営　41

第2章 新学習指導要領と学級経営

2 アクティブ・ラーニング，ホンモノとニセモノ

アクティブ・ラーニングが投げかけた問題

　新学習指導要領では，子どもたちの「学習活動や学校生活の基盤として」の学級経営の充実を求めています。学習活動とのかかわりを考えると，新学習指導要領で，無視できないのが「主体的・対話的で深い学び」です。以前は，アクティブ・ラーニング（以下，AL）と呼ばれていました。

　新学習指導要領を見据えて，AL を意識した授業があちこちで実践されています。ところで，AL という文言ですが，みなさんご存知のように小中学校の新学習指導要領においてはこの文言は見当たりません。新学習指導要領改訂の議論においてあれほど注目されたにもかかわらず，です。2015年，2016年の教育界の流行語大賞というものがあったとしたら間違いなく大賞かそれに準じる賞を取っていたことでしょう。

　本屋さんの教育書コーナーに行けば，書架のかなりの面積がこの言葉を冠した書籍に占められていました。また，教育書の新刊にも多くの書籍のタイトルにこの文言が付されていました。その内容も，授業づくりだけでなく，生徒指導やカウンセリング，学級経営から教師教育に至るまで，実に多岐にわたって AL との関係性が示唆されていました。それだけ実に多くの関係者の関心を鷲掴みにしたのだと思います。

　多くの注目を集め出したのは，文部科学省がこれからの学校教育にこれを導入すると言い出したからでした。ご存知の方も多いと思いますが，文部科学省のいう AL には定義があります。

42

教員による一方向的な講義形式の教育とは異なり，学修者の能動的な学修
への参加を取り入れた教授・学習法の総称。
　（平成24年8月28日「新たな未来を築くための大学教育の質的転換に向けて〜生涯学び
続け，主体的に考える力を育成する大学へ」中央教育審議会答申，用語集より）

　最初はそれほど騒ぎにはなっていませんでした。それは，上記の答申のタ
イトルにも表れているように，大学などの高等教育における授業改善を対象
として打ち出されたからです。しかしそれが，平成26年11月20日，当時の文
部科学大臣からの「初等中等教育における教育課程の基準等の在り方につい
て（諮問）」（以下「諮問」）の中で，「課題の発見と解決に向けて主体的・協働
的に学ぶ学習（いわゆる「アクティブ・ラーニング」）や，そのための指導
の方法等を充実させていく」必要があるとして，小学校や中学校，そして高
等学校でも取り組む方向を打ち出したからです。しかも，上記の定義では読
み方によっては，「一斉講義型授業以外，何でもあり」のように受け取るこ
とができました。だから，「何のためにやるのか」と「どうやるのか」そし
て「そもそもそれは何ものなのか」などの疑問と不安が相まって，その正体
探しが展開されたように思います。
　2年間の議論を経て示されたことは，「特定の授業法を指すものではない
こと」，そして「主体的・対話的で深い学び」を実現するための授業改善の
視点である，ということです。私は，これが生活や総合的な学習が経た道を
たどらないといいなと思っています。生活や総合的な学習が実施されるとき
には，両者は全く異なる反応で迎えられたと認識しています。前者は反対，
後者は戸惑いでした。しかし，大きな話題になった割には，いざ学習指導要
領が施行されて落ち着くと，次に起こったのは形骸化だったのではないでし
ょうか。
　ALは，一定数以上の教育関係者の関心を掴んだことは間違いありません
が，大事なことは，その文言が消えたとか変わったとかではなく，

第2章　新学習指導要領と学級経営　43

> この問題が投げかけた意味

です。

本当の脅威

ここからは「例えば」の話です。

小中学校の一定数は，「変わらないこと」を選択すると思います。いや，対話風の学習やちょっとした話し合いや発表の延長線上の活動を取り入れた授業づくりをしていくでしょう。しかし，そうした学校の軸足は，「変わらない」というところにあるので，先生方の意識は，単元のどの部分に活動を取り入れるか，授業の中に何回ペア学習やグループ学習を取り入れるかといったスタイルを選択するでしょう。

しかし，その一方（こちらの方が少数）で，大学入試が変わる，塾，予備校の授業が変わる，やがて高校の授業が変わる，すると，高校入試が変わるということを見据えて，「変える」ことを軸足にして，教育を設計する学校も出てくるでしょう。そしてそのうちの何割かが，本気でこれからの子どもたちが生きていくために必要な力を育てるためのカリキュラムを創り上げていくことでしょう。

おわかりでしょうか。前者の意識の中心は授業づくりであり，後者の中心は「生きる力」の育成なのです。前者が見ているのは，過去であり学校という内なる世界であり，後者が見ているものは，未来であり社会という外に開かれた世界です。同じく現在の子どもたちと相対しているにもかかわらず，

> 見据えているものが全く違う

のです。これをお読みになっているのが小中学校の先生方ならば，あなたが

どちらの学校に勤務するかはわかりませんが，恐らくこうした状況に身を置くことになるでしょう。

　これまでの学校は，余計なことを言わず，考えず，言われたことを忠実にやる成績のよい子どもたちを育てることができれば「よい学校」だと言われました。しかし，これからはそうはいきません。社会が変わるからです。真面目さや勤勉さが大切なことは変わらないでしょうが，それだけでは生きることが難しい社会になるかもしれません。

　私は，子どもたちにとっての本当の脅威は社会の変化ではないと思っています。本当の脅威は，私を含めた

> 大人たちの危機感の薄さ

です。

今，必要な教育

　大人がもっている常識の多くは，今までの社会においてつくられたものです。バブル崩壊後，失われた何十年などと言われる低成長時代に入りましたが，世の中には，まだまだ高度経済成長期の社会が豊かになっていった時代に，子ども時代や青年期を過ごした人たちが大勢います。そうした人たちは，どこかで「なんとかなるだろう」と高を括っているところがあるのではないでしょうか。にもかかわらず，教育のあり方を決める決定権は，子どもたちにはないのです。それをもっているのは，大人たちなのです。

> 「不安定な子どもたちの未来」を，「現在安定している（と思い込んでいる）大人」たちが握っている

という構造を忘れてはなりません。

第2章　新学習指導要領と学級経営　45

わが国は今，これから何が起こるかわからない状況です。国際的な学力テストで上位の成績を取り続けているにもかかわらず，国が学校教育の聖域であった具体的な授業法にまで口を出して，その変革を求めなくてはならない事態なのです。社会の変化を受け身で対応するだけでなく，自ら変化を起こし，変化そのものになるような実力をもった社会人を育てることは，国の存亡のかかった喫緊の課題だと言っても過言ではないと思っています。

　変化に対応する力をもった子どもたちを育てるためには，授業はどうあればいいのでしょうか。また，それを生む教育課程はどうあればいいのでしょうか。そして，それを運営する学校はどうあればいいのでしょうか。そして，それを遂行するための教師の力量とはどのようなものなのでしょうか。そして，本当にそれだけの力を教師は身に付けることができるのでしょうか。ALの導入は，わが国の学校教育に

> 　子どもたちに幸せな人生と社会を創る力をつける教育のあり方を，授業実践レベルで考える時にきている

ことを問題提起しているのです。

　今問われているのは，子どもたちの実態とか学力とかではありません。それは単なる結果に過ぎません。大人たちの現状に対する確かな分析力と，その分析をエビデンスにして将来を見据える確かなビジョンを描くこと，そして，それを実現するための具体的なアクションが起こせるかということです。つまり，

> 　「子どもをどうする」ということではなく，「大人がどうするか」が問われている

のです。

　そう，子どもたちにALで身に付けさせようとしている力を，大人たちが

今，発揮せねば，少なくない子どもたちを路頭に迷わせることになるのかもしれません。

　新しい学習スタイルに向き合うとき，「やり方」は必要でしょう。それがわからなかったら，一歩を踏み出すことができません。しかし，

「やり方」だけに心を奪われることなく，常に「目的」を問い続けたい

ものです。

　さもないと，形だけを追い求めた「ニセモノ」の AL を展開してしまうことになります。「目的」を問うことで，「ホンモノ」の AL の方向性が見え，そして，その実現を可能とする学級集団の姿を描くことができるでしょう。

第2章 新学習指導要領と学級経営

3 なぜ，AL なのか？

脅威の根源

では，AL 導入の「目的」を考えていきましょう。

研修会で，「なぜ，今，AL なのでしょうか？」と見出しのような問いを先生方に投げかけます。私は敢えて「主体的・対話的で深い学び」という言葉を使わず，AL という言葉を使うことがあります。両者の関係性については，また後ほど触れることがあると思いますが，AL には政策的な定義がありますが，「主体的・対話的で深い学び」には，管見の限り見当たりません。「主体的・対話的で深い学び」は，AL から派生してきた言葉であり，その目的は，AL にこそ込められています。

さて，冒頭の問いに対して，多くの方々が「社会の変化」と答えます。確かに「諮問」では，子どもたちがこれから活躍する社会を「厳しい挑戦の時代」と捉え，その背景として，生産年齢人口の減少，グローバル化の進展や絶え間ない技術革新等による社会構造や雇用環境の変化，子どもたちが就く職業のあり方が変わることを指摘しています。そして，子どもたちには，こうした変化を乗り越え，自立した人間として未来を切り拓いていく力を求め，新たな教育課程のあり方の構築を求めました。こうして，新学習指導要領の改訂の議論が始まりました。

「子どもたちに AL で身に付けさせようとしている力を，大人たちが今，発揮せねば，少なくない子どもたちを路頭に迷わせることになるのかもしれません」と前述しました。では，世の中の変化は，子どもたちにとってどの程度，脅威なのでしょうか。社会の変化については，「20XX 年問題」と，

ネットで検索すれば，いくらでもそれに関する情報が得られます。そのほとんどに明るい展望はなく，「憂う言説」です。そのなかには，「もっともらしい嘘」も少なくないようですが，実際に私たちの生活に深刻な影響を及ぼすものがあるのも事実です。

　深刻度の上位にくるものとして，高齢化が挙げられるでしょう。統計家の西内啓氏も，わが国への少子高齢化の影響力に注目する一人です。西内氏によれば，日本の財政の厳しさを説明する一つの考え方として「高齢者の生活を支える社会保障費の負担が原因」であることを挙げています[15]。西内氏は，諸外国の経済危機や緊縮財政を例に取り，日本においても，経済的不遇によって人命が失われると警鐘を鳴らします[16]。では，なぜ，このような高齢化が進行しているのでしょうか。それについて西内氏は，統計学的な視点から，「つまり，日本が世界最高の高齢化を示しているのはなぜか，という問いに対する本質的な理由は，出生率の低下，すなわち少子化なのである。」と結論づけています[17]。西内氏は，少子高齢化による人口の減少が，私たちの国を窮地に追いやると予測しているのです。

人口の推移に見る脅威

　日常生活を送っていると，出生率の低下や少子化を意識することはあまりないことでしょう。どれくらい減っているのでしょうか。国土審議会政策部会長期展望委員会の示したグラフを見ると，日本の人口は，確実に減っていることがわかります[18]。しかも，かなり急激なスピードに見えます。これを見る限り，日本の人口は，鎌倉時代以降，第二次世界大戦後の一時期を除いて2004年12月のピークまで，顕著に減ったことがありません。しかも，その増え方は偏りがあります。鎌倉時代（1192年）に，757万人だった人口が，明治維新（1868年）期には，3330万人になりました。しかし，それが終戦（1945年）までには，7199万人に，さらに，2004年12月にピークに達し，1億2784万人になります。つまり，鎌倉時代から明治維新までの約700年間で

第2章　新学習指導要領と学級経営　49

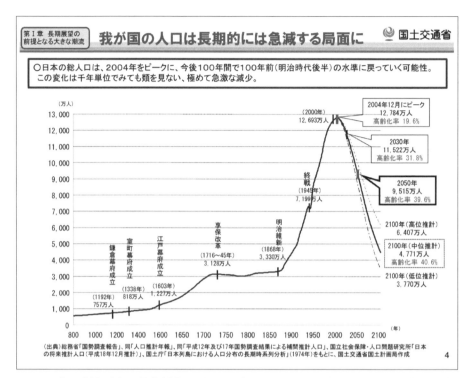

2573万人の増加が，明治維新から2004年までの約140年間で9454万人も増えているのです。

みなさん，この人口が急増した，明治維新後，そして第二次世界大戦後は，日本にとってどのような時期だったでしょうか。そうです。日本が対外的に国力を増した時期です。この時期は人口の激増期であり，それが大量の労働力を市場に供給し，生産性の向上を可能にしたと考えられます。

今，人口は急激に減少しています。2050年には，9515万人と予想されています。私たちの多くが人生やビジネスの成功だと捉えているモデルは，人口の激増期に創られたものです。私は，1965年生まれです。私を含む所謂ベテラン世代は，子どもの頃，自分が世の中づくりに参画していないにもかかわらず，世の中がどんどん豊かになっていきました。学生時代の終わりや社会人になってからも，バブル経済に浮かれる世の中を見ているので，「変化と

いってもそう悪くはならないだろう」，さらに言えば，「自分は逃げきれるだろう」と根拠のない安心感をもっている人が少なくないように見受けられます。

　ところが，この急激な人口減少時代の生き方を知っているかというと「知らない」のが実態で，ビジネスにおいても成功モデルを創ることができているかというと，「できていない」のが事実ではないでしょうか。社会の変化は必ず起きます。しかし，

> 　どうなるかは，ほとんどの人がわかっていない

のです。

あなたの教え子は「困った」を解決できるか

　このような時代を目の前にして，子どもたちの実態として，国内外の学力調査における改善傾向を評価しながらも，次のような点が指摘されています。

○　学力に関する調査においては，判断の根拠や理由を明確に示しながら自分の考えを述べたり，実験結果を分析して解釈・考察し説明したりすることなどについて課題が指摘されている。また，学ぶことの楽しさや意義が実感できているかどうか，自分の判断や行動がよりよい社会づくりにつながるという意識を持てているかどうかという点では，肯定的な回答が国際的に見て相対的に低いことなども指摘されている。

○　こうした調査結果からは，学ぶことと自分の人生や社会とのつながりを実感しながら，自らの能力を引き出し，学習したことを活用して，生活や社会の中で出会う課題の解決に主体的に生かしていくという面から見た学力には，課題があることが分かる。

（幼稚園，小学校，中学校，高等学校及び特別支援学校の学習指導要領等の改善及び必

第2章　新学習指導要領と学級経営　51

要な方策等について（答申），平成28年12月21日）

　日本の子どもたちは，試験の成績は確かによい。PISA や TIMSS などの国際学力調査の結果は，上位です。しかし，そんな好成績にもかかわらず，学習する目的をもてず，学習を楽しいとも思っていない。まさにそれは，使うあてのないお金をひたすら貯め込んでいる状態です。お金は使わないと社会が豊かにならないといわれています。同じように，学んだことを活かして，人生や社会の問題解決をしていかないと，社会も豊かにならないし，何よりも自分自身が幸せにはなれないのではないでしょうか。しかし，わが国の子どもたちはそうした力も弱いということのようです。

　人生を登山に例えてみましょう。これからの人生は，整備された登山道を登るような営みにはなりません。それは変化の緩やかな時代の話です。変化の激しい時代の登山は，切り立った崖を登ったり，人がやっと一人通れるような道を，つま先を引っかけて歩いたり，吹きすさぶ風雪に耐えたりするようなものです。そして，それらの困難がいつ起こるか予想もつかないわけです。学んだことを活かして問題を解決する力とは，まさに「生きる力」と言えるでしょう。

　みなさんもこれまでに，「どうしよう」とか「困った」と思うことは何度もあったでしょう。でも，なんとかなりました。しかし，なんとかなったのは，運もあったからかもしれませんが，みなさんがその状況から抜け出す能力をもち合わせていたからです。だから，今の生活ができているわけです。しかし，どうでしょう。クラスの子どもたち一人一人の顔を思い出してください。彼らが，みなさんと同程度の，「どうしよう」とか「困った」を解決する力をもっていますか。

第2章 新学習指導要領と学級経営

4 ▷ 社会に開かれた 教育課程のなかで

方法論に偏りがちな関係者の関心

　新学習指導要領改訂の議論において，とりわけ AL が注目されましたが，AL が単独で飛び出してきたわけではありません。「社会に開かれた教育課程」の実現という，大きな方針の中の授業のあり方として出てきました。

　学習指導要領の改訂は，これまでも繰り返されてきました。その度に，学校教育の充実が訴えられます。聞こえはいいですが，どちらかというとそれらは「内向きの改革」だったのではないでしょうか。立派な小学生や中学生を育てようとしていたように見えます。今回の改訂が今までと少し異なった印象を受けるのは，「社会に開かれた教育課程」の実現を目指しているからです。教育は，未来の国づくりの営みであり，学習指導要領はその指針であるはずなのに，

> 　教育関係者の関心は，方法論の向上ばかりに目が向いていて，それが実社会でどう活かされるのかという目的を見据える視点が弱かった

のだと思います。

　確かにわが国の子どもたちの学力は，一時的な低下が見られたにもかかわらず，短期間で回復し，現在に至っています。だったらこれまでの方向でいいのではないかと思われますが，AL という幾分刺激的な言葉を使ってでも，授業改善を促さねばならない現状だったのではないでしょうか。そこには，わが国の子どもたちの学力は確かに偏差値は高いが，それが生きる力になっ

第2章　新学習指導要領と学級経営　53

ていないという国の危機感に基づく判断があると見ています。つまり，わが国の子どもたちは，「試験で答える力」は高いが，「実社会で生きる力」に難があるということでしょう。予測不可能な変化の時代を生き抜くには甚だ不安があるのではないでしょうか。

AL ブームによって隠れてしまったこと

AL という言葉が世の中に躍り出てから，「これこそが AL である」と様々な提案がなされ，同時に「AL は方法論である，いや，考え方であると」とこれまた賑やかな議論もありました。書店で発売される新刊には，挙って「アクティブ・ラーニング」の文字が並びました。しかし，平成28年8月26日に示された「次期学習指導要領等に向けたこれまでの審議のまとめ（報告）」では，「主体的・対話的で深い学び」と表現され，「授業改善の視点」であることが示されたわけです。この後，「AL 熱」は急速に冷めていったように思います。

AL 熱が冷めると，少し落ち着いて，改訂の議論の全体を眺められるようになったように思います。それまで，あまり注目されることがなかった重要なことに光が当てられるようになったように思います。その筆頭に挙げられるのが資質・能力ではないでしょうか。「社会に開かれた教育課程」における，身に付けるべき資質・能力について，「答申」において，下の三つの柱が示されています。

① 何を理解しているか，何ができるか（生きて働く「知識・技能」の習得）
② 理解していること・できることをどう使うか（未知の状況にも対応できる「思考力・判断力・表現力等」の育成）
③ どのように社会・世界と関わり，よりよい人生を送るか（学びを人生や社会に生かそうとする「学びに向かう力・人間性等」の涵養）

三つの柱はどのような関係なのでしょうか。

　中央教育審議会，初等中等教育分科会における教育課程企画特別部会から，平成27年8月26日に出された「教育課程企画特別部会における論点整理について（報告）」には，次のように書かれています。

　学びを通じた子供たちの真の理解，深い理解を促すためには，主題に対する興味を喚起して学習への動機付けを行い，目の前の問題に対しては，これまでに獲得した知識や技能だけでは必ずしも十分ではないという問題意識を生じさせ，必要となる知識や技能を獲得し，さらに試行錯誤しながら問題の解決に向けた学習活動を行い，その上で自らの学習活動を振り返って次の学びにつなげるという，深い学習のプロセスが重要である。また，その過程で，対話を通じて他者の考え方を吟味し取り込み，自分の考え方の適用範囲を広げることを通じて，人間性を豊かなものへと育むことが極めて重要である。

　この教育課程企画特別部会は，育成を目指す資質・能力について議論をしていた部会です。ここには，改訂の議論における「学び」や「知識」に関する見解が示されています。これを見ると，学習における理解が深まる過程のイメージが読み取れます。まず，学習意欲をエネルギーにして，問題解決に臨み，そこで既習の知識や技術では太刀打ちできない事態に向き合うことで，必要な知識や技術を得て，さらに試行を繰り返します。そして，その過程を振り返ることで次の学習につながっていくことによって深い理解に到達していく姿が示されています。

知識・技能をため込めば，生きる力は身に付くのか

　ここからわかることは，知識や技術を蓄積していけば，それを問題解決のために活用できるようになるわけではないということです。知識や技術の習得とその活用は往還的な関係で，行ったり来たりをするなかで質が高まって

いくと言っているわけです。

　では，①と②と③の関係は，どうなっているのでしょう。「答申」では，③の「学びに向かう力・人間性等」を

前述の①及び②の資質・能力を，どのような方向性で働かせていくかを決定付ける重要な要素

と位置づけています。

　ここからわかることは，③は，①と②の目的のような役目を果たしているということです。知識・技能と活用力の行き先が，社会貢献やよりよい人生であることを読み取ることができます。レベルの高い知識や技能や，それらを活用する力は，社会の発展や幸せな人生の構築のために用いられるべきだということでしょう。「なんだ，そんなこと当たり前のことじゃないか」と思うかもしれませんね。私もそう思います。

　しかし，私たちの国は，過去に学力の高いトップエリートが起こした凄まじい犯罪を知っています。

　高い学力が，必ずしも社会の発展や人々の幸せに結びついていない例は，探そうと思えばいくらでも見つかる

はずです。

　繰り返しになるかもしれませんが，わが国の子どもたちの知識・技能，そして，活用力，つまり前述の①，②の学力は，国際的に見てトップクラスなのです。しかし，それが，社会貢献や幸せな人生の構築に向かっていないのです。社会が不安定さを増していくときに，よりよい世の中や人生をつくっていこうとする力が育っていないと，国も個人も，未来を描くことができないのではないでしょうか。

　社会の変化は，日々ジワリジワリと起こっていて，「待ったなし」の状況

です。

　そうであるならば，学校現場が今そこに向かって取り組んでいることが望まれます。しかし，そうは思えない現状を数多く見聞きします。学校支援で全国を回っていると，私の目に飛び込んでくるのは，多忙な業務に押しつぶされそうになりながら，必死に学力向上に取り組む一人一人の先生方の姿です。それでも，先生方がそれに意味を見出し，やりがいを感じているならば，多忙でもいいのかもしれません。

カコモンゲットだぜ

　しかし，多くの自治体で取り組まれている学力向上策は，授業の展開を一律に定めて，どの教室どの学校でも同じような授業をすることです。若い先生が増え，効果的な授業法がわからないならそれもよいでしょう。しかし，それだけだと授業を枠に当てはめる能力は高まっても，それを創り上げる力は高まるのでしょうか。また，一部とはいえ，春から教科書を１ページも開かないで過去問題に取り組むような教室も見られます。これで「学びに向かう力・人間性等」が養われるとは思えません。むしろ，真逆の方策と言えないでしょうか。

　「答申」は，「第２章　2030年の社会と子供たちの未来」の中で，「予測困難な時代に，一人一人が未来の創り手となる」ことを期待して，次のようなことを言っています。

　このために必要な力を成長の中で育んでいるのが，人間の学習である。解き方があらかじめ定まった問題を効率的に解いたり，定められた手続を効率的にこなしたりすることにとどまらず，直面する様々な変化を柔軟に受け止め，感性を豊かに働かせながら，どのような未来を創っていくのか，どのように社会や人生をよりよいものにしていくのかを考え，主体的に学び続けて自ら能力を引き出し，自分なりに試行錯誤したり，多様な他者と協働したり

第２章　新学習指導要領と学級経営　57

して，新たな価値を生み出していくために必要な力を身に付け，子供たち一人一人が，予測できない変化に受け身で対処するのではなく，主体的に向き合って関わり合い，その過程を通して，自らの可能性を発揮し，よりよい社会と幸福な人生の創り手となっていけるようにすることが重要である。

　どの教科でも，どの時間でも同じような展開がなされる授業で，変化に対応する力など育つのでしょうか。また，過去に出題された学力調査の問題を繰り返し解かされることで，広い視野や志などが育つのでしょうか。ある若い教師は，来る日も来る日も学校から取り組むように渡される「過去問」，それに取り組ませている自身の教育活動を捉えて，自虐的に「自分は，過去問（カコモン）トレーナーを育てるために教師になったのではない」と言っていました。「過去問（カコモン）トレーナー」とは，モンスターを育てながら一流のトレーナーになるため世界中を旅する少年の話のパロディとして言っているわけです。

　毎日，毎日，過去問と格闘する子どもたちの姿を，モンスターのトレーナーのようだと思ったのでしょう。彼では，そんな状況でも自分の気持ちと学校，いや，地域から降りてくるミッションに折り合いをつけて，子どもたちが少しでも楽しく「過去問」に取り組めるように工夫していました。しかし，

これからの時代を考えたときに，学校教育は，「過去問（カコモン）言えるかな？」「過去問（カコモン）ゲットだぜ！」とやっている場合ではないのではないでしょうか。

極めてシンプルな評価の観点

　授業のパターン化や，カリキュラムを歪めてまで繰り返される「過去問」トレーニングで，「予測困難な時代」における「未来の創り手」となる人たちが育つとは思えません。公教育ですから，ある程度揃えることは必要でしょう。また，問題を解くスキルをある程度教えることは必要だと思います。しかし，こうした個別化したトレーニングで，「人間の学習」ができるのでしょうか。人は人とのかかわりを通して，人を知り人を理解するのではないでしょうか。

　しかも，こうした施策は，教師が納得するしないにかかわらず，トップダウンで実施されています。教師の考える機会を奪っておいて，考える子どもたちを育てろというのはなんとも矛盾に満ちた話です。考えない教師が考える子どもたちを育てることができるのでしょうか。誤解のないように申し上げておきますが，授業のパターン化や過去問の反復練習の全てに意味がなく，無駄だと言っているのではありません。それらが子どもたちの生きる力の育成というよりも，学力向上という名を借りて，点数の向上をねらっていることや，それを，トップダウンでやっていることに問題があるのではないかと指摘しているのです。

　新学習指導要領は，様々な新しい言葉に彩られています。それらに目移りをしているうちに，大事なものを見失ってしまうのではないでしょうか。しかし，社会に開かれた教育課程の実現も，カリキュラム・マネジメントも，主体的・対話的で深い学びも，

第2章　新学習指導要領と学級経営　59

> 全ては，資質・能力の育成のため

です。

　多様な文言に彩られた新学習指導要領ですが，この方針による教育の改善が成功するかしないかは，とても大きな問題だと思います。安定していたこれまでとは，世の中の状況が異なります。この国の未来，そして，子どもたちの幸せがかかっているのです。新学習指導要領は，多様な文言に彩られているだけにその評価は難しいように感じるかもしれません。しかし，失敗かどうかの判断基準は割とわかりやすいのではないかと思います。それは，これからなされる実践が，「キャリアの視点を失ったとき」ではないでしょうか。

　資質・能力はこれからの時代を生きる力です。国は，学力とは表現していません。子どもたちが，たくさん発言しました，学習活動が盛り上がりました，すばらしい学習のまとめを書きました，それはそれで，すばらしいことかもしれません。しかし，最初に問われなければならないのは，その学習活動が，資質・能力の育成に寄与したのかということです。

　学校が，「立派な小学生」「立派な中学生」を育てることのみに関心を向け，社会に閉じた内向きな教育を展開し，学校の中でしか生きていけない子どもたちを量産することに終始したら，

> 今回の学習指導要領の改訂は，失敗

したとしか言いようがなくなるのではないでしょうか。

第2章 新学習指導要領と学級経営

5 新学習指導要領の本旨

質の高い理解とは

　学習指導要領改訂の趣旨は何なのでしょうか。文部科学省初等中等教育局教育課程課長の合田哲雄氏はこう言います[19]。「今回の改訂は，前回改訂の延長線上に，子どもたちの知識の理解の質をいかに高めるかに取り組むものである。」この知識の理解の質を上げることのポイントが，資質・能力であり，前述した三つの観点で示されるものです。

　③学びを人生や社会に生かそうとする「学びに向かう力・人間性等」という方向性で，①知識・技能，②思考力・判断力・表現力等が，往還しながら高め合っていくという構造です。高度な知識や技能，その活用力があっても，それが

> 　よりよい社会や人生の創造につながっていかない場合は，「質が高い」とは言わない

わけです。

　このことは，詐欺師を例に取ればわかりやすいと思います。

　詐欺師は，専門分野にかかわる高度な知識をもっています。また，それだけでなく，嘘を巧みに使い，相手に信じさせるわけですから，かなり高度なプレゼンテーション能力もあります。さらに，なかなか信じようとしない相手が発する問いに対して，思考をフル回転させ，判断し，相手を術中にはめていきます。時には，「そうですよねぇ，わかります」または「本当にそれ

って腹が立ちますよねぇ」などと巧みなソーシャルスキルからカウンセリングテクニックまでを駆使するわけです。さらには，「オレオレ詐欺」に見られるように組織力までもっています。しかし，そうした高度な知識や技能，活用力は，相手を騙し，私腹を肥やすために発揮されています。

ある「できる子」の実態

　ある塾に講師として勤める若者が，私に悩み相談に来ました。塾生には地域のトップの高校に進学している高校生が大勢いるそうです。彼らは確かに，勉強はよくできるそうです。しかし，休憩時間になると口をついて出るのは，クラスメイトに対する悪口，そして，他の高校に通っている生徒を馬鹿にする言葉のオンパレードだそうです。彼らは，勉強する目的や方向性を誤っているかもしれません。彼らが，自分の優位性を示すためだけに勉強しているとは思いませんが，勉強する動機の何割かにそうした部分が混じり込んでいるのかもしれません。

　彼らが，社会人になったと想像してみてください。彼らと一緒に働きたいですか。勿論，人の将来は可塑的ですから，様々な社会的経験を積み重ねるなかで，豊かな人間性を身に付けることもあるでしょう。これからよりよい人としてのあり方を身に付けていくことは期待できます。

　しかし，それはあまりにも偶然的要因に頼りすぎているとは思いませんか。

　新学習指導要領は，社会貢献をし，自らの幸せを創造する人たちを意図的に育てようとしている

のです。

第2章　新学習指導要領と学級経営

6 幸せを創造する力を発動するもの

幸福感の条件

　ここで，社会貢献とよりよい人生，つまり幸福な人生の両者の関係について言及しておきたいと思います。以前の拙著で，アドラー心理学（個人心理学）の提唱者である，アルフレッド・アドラーの言葉を引いて，社会貢献と幸福な人生について言及しました[20]。アドラーは，「人生の意味は全体への貢献である。」と言っています[21]。つまり，人が幸せになるためには，自分だけでなく，仲間の利益を大切にすることであるというのです。哲学者や幾多の著名人の中に，幸福の条件として社会貢献を挙げる人は少なくありません。つまり，

> 自分が誰かの役に立てるという感覚は，幸福感を生み出す

わけです。

　本書の読者の多くは，学校の教師だと思うので，誰にも感謝されないということはほとんどないかもしれません。いろいろな子どもたちや保護者がいて，傷付けられることやショックを受けることもあろうかと思いますが，それでも，「ありがとう」と言われる機会は，他の職業に比べく多いように思います。そこで，敢えて少し想像してみましょうか。誰にも，「ありがとう」と言われない日々を。

　異動をしたばかりの若い教師が，あるとき私に相談をしてきました。

　「先生，聞いてください。どうも私，今の学校，楽しくないんです。いや，

第2章　新学習指導要領と学級経営　63

子どもたちはいい子たちですよ。先生方もいい人ばかり。困っていると直ぐに助けてくれます。でも，なんか楽しくないんです。」

　私は，それをお聞きして，ピンときました。

　「先生，ひょっとしたら，まだ，役に立っている感じがしないんじゃありませんか。」

と言うと，目をカッと開き，

　「先生，そうです。その通りです。誰も私にイヤなことなんてしないんですけど，誰かの役に立っている感じがしないんです。」

　よく受容的人間関係が大事だと言います。しかし，受容されているというのは，文字通り，受け身の状態です。受容されることにおいて決定権は，こちらにはありません。私たちは，社会において受け身では幸福感を感じられないのではないでしょうか。やはり，

> 　周囲の環境に積極的にかかわって，そして誰かに「ありがとう」と言われたときに幸福感を感じる

ものなのだと思います。自分の能力を活かして社会に貢献することが，幸せな人生を送ることにつながります。

共同体感覚

　しかし，現実の教室を見渡してみると，自分のことで一杯一杯の子どもたちがいます。もちろん，人の役に立つことが大好きで，積極的に人助けや集団への貢献をしている子どもたちもいます。しかし，そうした子どもたちは少数派なのではないでしょうか。では，子どもたちは，どうしたら積極的に誰かに貢献するようになるのでしょうか。意図的に積極的貢献をしていく人を育てる学校教育を考えるためには，そこが重要なところです。このことについては，アドラー心理学にかかわる研究が重要な示唆を与えてくれます。

アドラー心理学は，岸見一郎，古賀史健両氏の書籍によって大きな話題となり，一般の方々もその存在を知るようになりました[22]。アドラー心理学がビジネス誌やファッション誌に取り上げられたり，書籍をモチーフにしたテレビドラマが放映されるほどでした。しかし，それ以前から，対人支援職に就く方々からは確かな実践的エビデンスをもつ有効な理論として，支持を受けていました。

　アドラー心理学の中心的理論の一つに，共同体感覚があります。共同体感覚についてアドラーは，「「他の人の目で見て，他の人の耳で聞き，他の人の心で感じる」という言葉が共同体感覚の許容し得る定義である。」と述べていますが，共同体感覚の定義は曖昧なままにされています[23]。共同体感覚の定義は，研究者によって様々な捉えがあるようです。

　日本におけるアドラー心理学研究の草分けである野田俊作氏は，これまでの共同体感覚の議論をまとめ，共同体感覚を構成する側面を四つ示しています[24]。一つ目は，"「私は共同体の一員だ」という感覚"である「所属感」であり，二つ目は，"「共同体は私の役に立ってくれるんだ」という感覚"である「信頼感」，三つ目は，"「私は共同体のために役に立つことができる」という感覚"である「貢献感」，四つ目は，"「私は私のことが好きだ」ということ"である「自己受容」です。このように貢献感は，共同体感覚の重要な構成要素であり，アドラーが最も注目する要素です。

　高坂康雅氏は，定義が難しいとされる共同体感覚の定義を試み，それに基づき共同体感覚尺度を作成し，質問紙による共同体感覚の測定を可能にしました[25]。また高坂氏は，共同体感覚尺度を大学生に適用し，共同体感覚と社会的迷惑行動及び向社会的行動との関連を調べました[26]。ここで言う向社会的行動とは，社会的に望ましい行動のことです。高坂氏の研究では，「所属している集団の成員を信頼できている感覚や他者に貢献できている感覚がもてているほど，他者のためになるような行動をしている」ということが明らかになりました。

　貢献感のある人が，人の役に立つ行動をするのはわかりやすい話です。も

う一つ，大事なことを指摘しています。

> 所属集団を信頼している人が，社会的貢献行動をする

ということです。

　高坂氏の研究からわかることは，共同体感覚を高めることで，人の役に立つ行動をしようという傾向が高まることです。そこで問題となるのが，どのようにしたら共同体感覚を高めることができるのかということです。高坂氏は，小学校高学年の子どもたちを対象に，共同体感覚と学校適応感の因果関係について調査をしています[27]。この研究によって，「学校適応感が共同体感覚を高めている」ことが見出されています。さらに高坂氏は，「小学校の共同体感覚を高めるためには，まず学校に適応できているという感覚をもつための教育や関係・環境づくりが必要である。」と言っています。学校適応感を測定した質問紙は，「対教師関係」「学習意欲」「自校への関心」「級友関係」の下位カテゴリーからなります。

　ここで言うそれぞれの，下位カテゴリーの具体例（カテゴリー内にあるいくつかの具体的項目のうち，そのカテゴリーと最も強い相関をもつと見なされる項目）を挙げると，以下のようになります[28]。

対教師関係　：先生に，なんでも話しかけたり，尋ねてみたりしたいなと思うことがある。
学習意欲　　：一生懸命勉強することがある。
自校への関心：私の学校はすばらしい学校だと思うことがある。
級友関係　　：クラスの人と話していて楽しいと感じることがある。

　自分のクラスに居場所がなくて，学校をすばらしいと捉えることは考えにくいので，これは実質，クラスへの適応を問うているものと考えられます。その他の三つのカテゴリーも，教師が学級経営のなかで取り組んでいること

です。このように学校適応感は，学級経営の問題と深くかかわっていると言っていいでしょう。

幸せになる生き方の起動スイッチ

　ここまでの話をまとめてみましょう。

　今回の学習指導要領の改訂の趣旨は，知識の理解の質を上げることです。質を上げるということは，その知識の理解レベルを社会貢献や豊かな人生を創造することに寄与するレベルにまでもっていくということです。これまでのような「ため込む」だけの知識や技能ではダメなのです。いくら知識や技能をため込んでも，みんながみんなそれを社会のために使おうとするわけではないのです。自分の能力を社会貢献のために活用するための起動スイッチが必要なのです。その起動スイッチとなるのが，所属集団への貢献感や信頼感です。

　資質・能力の育成には，所属集団の質が問われることになりそうです。これまでの考察を，子どもたちの学校生活に置き換えて考えてみましょう。子どもたちが，社会に貢献しようと思ったり，実際にそういう行動に出たりするには，自分の所属する集団，つまり，クラスに貢献感や信頼感をもっているかどうかということになります。子どもたちは，何の根拠もなく世の中の役に立とうとはしないのです。

> 　良好な関係性のクラスの中で，教師や仲間，それを通して学校に対する貢献感や信頼感を高めることが，子どもたちの社会貢献の意識や行動につながる

ということです。

　つまり，資質・能力を育てるためには，その基礎的な条件として，学級経営の質が問われていると言っていいでしょう。人間関係が悪く，教師やクラ

スメイトへの信頼関係ができていない土壌では，誰かの役に立とうなどという意識は育たず，ましてや，そうした行動も起こってこないことを，これまでの研究成果が示しているのです。

　つまり，誰かに貢献しようという行動は，その子の個性とか特質といった個人的な要因ではなく，周囲の環境による外部的要因が大きいということです。

> 環境が整わないと，社会貢献への意識と行動が発動しない

わけです。勿論，この社会貢献への意識と行動には個人差があることでしょう。クラスの状態には関係なく，他者に関心をもち，貢献的な行動をする子もいるでしょう。また，クラスの状態が悪いからこそ，他者への関心と貢献的な行動へのエネルギーを育てる子もいることでしょう。実際に，私の大学院には，自分が児童生徒だった時のクラスはほとんど崩壊していましたが，だからこそ，「違う世界を創りたい」と思って教師を志す学生もいます。子どもたちの中には，環境に左右されない力をもった子もいます。しかし，ここで対象として述べているのは，環境に寄り添いながら，その強い影響を受けて生きている多数派の子どもたちです。

　私たちもそうですが，子どもたちも，みんなが幸せになりたいと思っています。しかし，

> 幸せになるためには，個人的な努力だけでは不十分

なのです。もちろん，個人の力で幸せな人生を創っていくことが望ましいことでしょう。しかし，社会の現実を考えたときに，それができる人ばかりではないのです。みなさんには，教え子の中に「この子には不幸になってほしい」「この子は不幸になっても仕方ない」と思うような子は一人もいないはずです。「全員に幸せになってほしい」と思っていることでしょう。

経済が右肩上がりの時代は，多くの人がなんとなくそれなりに生活をすることができました。しかし，これからはそうはいきません。歪みがあちこちで起こっていることをみなさんは知っているのではありませんか。貧困家庭の増加や若年層の自殺の増加がそれを示しています。子どもたちは，放っておいても幸せにはならないのです。

> 「幸せになる能力」を育てなくてはならない

のです。
　そこに学級経営が深くかかわっているのです。

　では，学級経営の質とは一体何でしょうか。学級経営の質を上げるためには何をしたらいいのでしょうか。第1章を思い出していただきたいと思います。学級崩壊は，「教師の指導力の解体」によるものでした。クラスの状態は，教師の指導力，つまり，教師のリーダーシップと深くかかわっているわけです。組織には，必ずリーダーがいます。リーダーのリーダーシップが，組織のあり方を決めます。クラスの質を上げることができるかどうかは，紛れもなく，教師のリーダーシップの質の向上にかかっているのです。
　新学習指導要領の趣旨の実現のためというよりも，子どもたちのよりよい

未来のために，一人一人の幸せのために，

> 自分のリーダーシップが，子どもたちの社会貢献に向かうだけの能力を育てているのか

を振り返る必要がありそうです。

第2章 新学習指導要領と学級経営

7 変化の時代を生きる力

流動化する社会のなかで

　安定していた時代を生きる子どもたちと変化の時代を生きる子どもたちでは，当然，求められる能力が違います。新学習指導要領における資質・能力は，これからの時代を生きる力と捉えていいでしょう。しかし，それだけで生きる力を見つめていると，新学習指導要領ありきの見方になってしまいます。学習指導要領は，大勢の有識者によって練りに練られた英知の結晶だとは思いますが，同時に人の作ったものです。完璧ではありません。

　かつての「ゆとり教育路線の変更」に見られたように，学習指導要領といえども絶対的なものではなく相対的なものなのです（このことも，「変化の時代」を象徴している一つの出来事だったかもしれませんね。世論が国の方針に打ち勝ったわけですから）。ここでは，学習指導要領とはちょっと異なった視点で，変化の時代を生きる力を見据えてみたいと思います。

　1990年代のバブル崩壊以降，世の中がとても流動的になりました。1990年以降の日本は，携帯電話，コンビニエンスストア，インターネットが普及し，社会がそれまでとは異なった様相を呈してきました。所謂「定番」というものがなくなり，価値感の多様化や転換が起こってきました。何かが流行するとか，廃れるといった話ではなく，世の中の構造的な変換が起こり，それが顕在化したのがこの辺りの時期なのかもしれません。こうした社会の構造的な変換は，世界のあちこちで起こっているようです。

　フランスの哲学者ジャン＝フランソワ・リオタールは，科学が自らの依拠する規則を正当化する際に用いる言葉を，「大きな物語」と呼び，それら

第2章　新学習指導要領と学級経営　71

に準拠していた時代を「モダン」，そして，それらに不信感が蔓延した時代を「ポストモダン」と呼びました[29]。1980年代以降に，「ポストモダン」という名前がよく知られるようになると，「大きな物語の終焉」という言葉がキャッチフレーズ的に使われるようになりました。

　また，ポーランドの社会学者ジグムント・バウマンは，近代社会には二つの段階があり，最初の段階を「ソリッド（固体的）な近代」と呼び，それは，個人が「地域」「家族」「会社」などの世界と個人に存在する中間的な共同体に覆われていた時代としました[30]。それぞれの原子（個人）が，ひとかたまりに結びついた固体のような社会でした。それに対して「リキッド（液状）な近代」とは，原子（個人）がバラバラに動き回る液体のような社会です[31]。すなわち現代は，リキッド・モダニティと呼ぶことができ，中間的な共同体は退き，個人化が進展するとしています[32]。

　リオタールの言う「大きな物語」は，哲学などを指しているわけですが，「大きな物語の終焉」などと，象徴的に用いられる場合は，「それまで間違いない」と信じられていたことが信じられなくなることを指しています。私たちの世代には，この話は実感をもって捉えることができます。1955年から続いた自由民主党政権が細川連立内閣に取って代わられたこと（1993年），1945年に始まった米ソの対立による冷戦が終結したこと（1989年），そして，1922年に成立したソ連の解体（1991年）などなど，絶対だと思っていたことが次々と壊れていきました。近年では，数々の一流企業，世界のトップを走っていた企業の凋落，そして，東日本大震災による津波被害，それに付随して起こった原子力発電所神話の崩壊など，例を挙げればきりがありません。また，バウマンの言う，中間的な共同体の消失によって個人化した社会は，今の日本そのものではないでしょうか。携帯電話，コンビニエンスストア，インターネットの普及は，人々に「一人で生きていける」という認識と自信をもたせるに十分な環境をつくっていったことでしょう。

　受験戦争に勝ち抜き，よい大学を出て，一流企業に入れば，終身雇用が保障されて，一生安泰，そんなライフスタイルは，とうの昔に壊れています。

このような変化の激しい時代を生きるには，どのような能力が必要なのでしょうか。

三つの信頼

　バウマンは，そのことについて示唆に富む主張をしています。
　「この世界においてリスクに立ち向かい，リスクを引き受け，選択を行う際に必要な勇気を持つためには，自分，他者，社会に対する三重の信頼が必要」だと言います*33。バウマンの主張は，先に示した高坂氏の研究と重なるところがあります。
　変化の時代とは，流動的な社会です。いつもぐらぐらしているわけです。昨日正しいと思ったことが，今日は覆る，そんな感覚です（一部の専門家を除いて，誰も自民党政権が終わる，冷戦が終わる，ソ連が崩壊するとは思っていなかったのです。明日は何が起こるのか……）。そんなときに自分を支えるものとなるものは何か，ということです。
　バウマンは，ここで三つの信頼を挙げます。人は，自分への信頼だけでは，人生を営むことはできません。それは，東日本大震災で大きな痛手を被ったときに，日本中が「絆」を求めたことからも明らかではないでしょうか。

第2章　新学習指導要領と学級経営　73

人が困難に向き合うには，他者との絆が必要なのです。人は，仲間を得ることで，困難に立ち向かうことができます。しかし，仲間との絆を得ても克服しきれない困難には，どう対処したらいいでしょうか。それは，より多くの仲間を得ることです。その中には，その困難を解決するだけの能力をもっている人がいることでしょう。

　しかし，よく知らない人〜私たちが「彼ら」と呼んでいる存在〜とかかわることもリスクです。どうしたら，「彼ら」とかかわれるのでしょうか。やはり，それも，仲間です。「彼ら」とつながることができる誰かとつながれば，あなたは容易に「彼ら」とつながることができます。いや，彼らとつながる誰かとつながっていなくても，一定数の仲間がいたら，数という勇気があなた方を「彼ら」とつながらせてくれるでしょう。そう，あなたは，仲間を得ることによって，自分とは関係のないコミュニティにかかわっていくことが可能になります。そして，今まで疎遠だった他者と新たな信頼を構築することができます。

> 「私」は「あなた」そして「彼ら」とつながり，「我々」になる

のです。その接着剤となるのが，信頼なのです。

　より大きく強固な「我々」を得ることで，私たちはよりそれだけの不安定さに向き合うことが可能となるわけです。変化というのは，不確実性が高いですから，リスクと言えます。これからの子どもたちは，そのリスクを受け入れ克服する能力が，今の大人以上に求められることになります。

　みなさんもこうしたことは日常的に経験していることでしょう。例えば，ある会に所属しようと思ったとします。しかし，一人では心細い。そんなときに，親しい友人に誘われたら，その会に参加できるようになりますよね。しかし，その会に入っても知らない人が多いとなかなか発言ができなかったりします。ところが，そこで段々と認められたりさらなる知り合いができてきたりすると，その会自体が自分の心の支えや拠り所になるといったことで

す。一人でどうしよう，どうしようと心細かった時間が嘘のようです。このようにして，「我々としてのコミュニティ」をもつことで，それが自分を支え，たとえ環境が流動的であっても，多少の変化にはびくともしなくなります。

　三種の信頼関係を構築することができれば，不安定さに身を投じ，それだけでなく，そのコミュニティの発展に貢献しようとするのではないでしょうか。また，コミュニティの発展に貢献する人は，恐らく誰かの目にとまります。すると，別なコミュニティへのエントリーの誘いを受けることでしょう。「ねえ，一緒にやらない？」というわけです。すると，その人は，別な「我々」を獲得します。こうして複数の「我々」を獲得することで，その人の安定感は増すことでしょう。

　しかし，これもある程度が望ましいと思います。あまりにも多くの「我々」を獲得すると，その人は自由度を失い，コミュニティへの貢献ができなくなります。貢献ができなくなると，場合によっては，「我々」を失ってしまう場合もあるでしょう。みなさんは，以下のような経験はおもちでしょうか。

　あまりにも多くの研究会に顔を出してしまったがゆえに，一つ一つとのつながりが薄くなり，活動がしにくくなってしまい，やがて，人間関係が悪くなって顔が出しづらくなってしまうような場合です。

　まぁ，そうなったらそうなったで，生きていけるコミュニティで生きていけばいいのかもしれません。行動しやすいコミュニティで活動すればいいでしょう。

> 　子どもたちの人生において，最もリスクを高めてしまうことは，他者との信頼関係が構築できないこと

です。いずれにせよ，信頼を築き，そのコミュニティに貢献するという行動のスイッチを入れられるような力をもつことが，これからの自分の人生を幸

せに導くことになりそうです。
　これまで研究成果を引きながら考察したように，私たちは，所属している集団の成員を信頼できている感覚や他者に貢献できている感覚がもてているほど，他者のためになるような行動をするのです。
　つまり，これからの学級経営において教師に求められるリーダーシップは，

> 　子どもたちが，「あなた」「彼ら」とつながることで「自分」への信頼を確かなものにするように促すこと

です。それが，これからの社会を生きる力を育てる必須条件となりそうです。

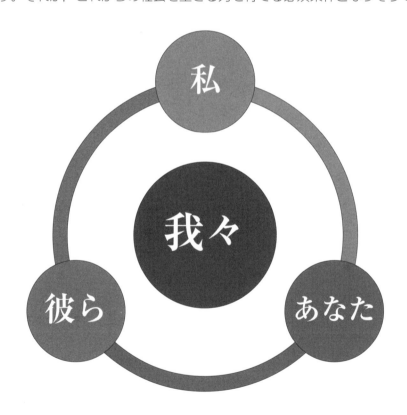

第3章

資質・能力の中核

第3章 資質・能力の中核

1 確かな学力の優先順位

 最も効果的ではない努力

　前章では，学級経営のあり方が，資質・能力の育成に大きく影響することを述べました。これまでの流れを踏まえた上で，改めて新学習指導要領でねらう資質・能力の問題を考えてみたいと思います。
　資質・能力の三つの柱を再掲しておきます。

① 何を理解しているか，何ができるか（生きて働く「知識・技能」の習得）
② 理解していること・できることをどう使うか（未知の状況にも対応できる「思考力・判断力・表現力等」の育成）
③ どのように社会・世界と関わり，よりよい人生を送るか（学びを人生や社会に生かそうとする「学びに向かう力・人間性等」の涵養）

　このように示されると，三つとも均等に大事だという印象を受けます。しかし，闇雲に三つの達成をねらうとその実現は遠ざかることでしょう。限られた時間のなかで成果を上げるには，焦点化が必要です。複数の要素を構造化して，エネルギーを注ぐべき点を絞るのです。優先順位を決めて取り組むことが，成果を上げるための定石です。

> 　一番ダメな努力は，あれもこれも全部頑張ること

です。

　力のある日本の教師がこんなに頑張っても成果が十分に上がっていないとしたら，それは，力が分散されているからです。エネルギーを集中させるポイントを見極めるわけです。例えば，健康な生活を送るために，様々な健康器具を買い，ジムに通って，数種類のサプリメントと健康食品を毎日摂取して，たっぷりの半身浴をするなどの涙ぐましい努力をしているのに，あまり健康でない人がいたとします。その理由は，恐らく頑張るポイントを外しているからです。そうした努力をしながらも，運動が過度になっていたり，サプリメントの過剰摂取をしたり，また，深夜までインターネットをしているかもしれません。何事も，「勘所」というか外してはいけないポイントがあります。健康の場合だったら，三原則，つまり，栄養，運動，睡眠と，そのバランスでしょう。

　しかし，このバランスというのがなかなか難しいのです。忙しい日常生活のなかでは「わかっていても」知らず知らずに，何かが崩れて健康を損なってしまう場合があります。そこで考えたいのが優先順位です。〇大原則と呼ばれるものにも優先順位があろうかと思います。例えば，人が生命を維持するために必要なものに，水，食物，酸素があります。これらは，全部必要ですが，緊急度で言うと，優先順位があります。水や食物がなくても平気な時間は，人によって違いますが，酸素だけは数分です。普通の人なら１分から２分呼吸をしないと苦しくてたまらなくなります。まずは，何をおいても酸素を確保しなくてはなりません。

　成果を上げるために必要なことは，全部頑張ることではありません。大事なことを見極めて，そこを中心に頑張ることです。いろいろな自治体から，毎年，〇〇県や〇〇市の重点課題というのが出され，HPなどにアップされていますが，一体，どれくらいの教師があれを理解していることでしょうか。重点と言いながら，取り組むことが多すぎるのではないでしょうか。「多すぎて」何をやっていいかわからない，そして，取り組まない，結局，成果が出ないということに陥りがちです。

焦点を決める観点

　必要なのは焦点化です。その根拠となるのが目的です。この健康の三原則を例にすれば，その目的は，勿論，健康になることです。そこには，当然，優先順位が発生することでしょう。健康法は，いつの時代も数多く提唱されていますが，近年は，「〇〇をしない」健康法が提唱されています。その中に，「食事をしない」，「運動をしない」などはありますが，「眠らない」というものは聞いたことがありません。また，三原則の中で，最も大事なものが睡眠であることを主張する専門家は少なくありません。

　並記されているものでも優先順位があるのではないでしょうか。現行の学習指導要領において，学力が，「確かなもの」とならなかったとしたら，それは，しっかりと優先順位を決めなかったからだと思っています。それでは，これまでの学習指導要領の学力の三要素を見てみましょう。今さら言うまでもなく，

1　基礎的・基本的な知識・技能
2　知識・技能を活用して課題を解決するために必要な思考力・判断力・表現力等
3　主体的に学習に取り組む態度

です。これは多くの教師が知っていると思います。しかし，この根拠を知っている人は多くはないのではないでしょうか。これは，どこから来ているかというと，平成19（2007）年6月に公布された学校教育法の一部改正によって，小・中・高等学校等において

　生涯にわたり学習する基盤が培われるよう，基礎的な知識及び技能を習得させるとともに，これらを活用して課題を解決するために必要な思考力，判断力，表現力その他の能力をはぐくみ，主体的に学習に取り組む態度を養う

ことに，特に意を用いなければならない。

と定められたことによります。

　これを読むと，その目的が示されています。「生涯にわたり学習する基盤が培われるよう」という文言に見られるように，生涯学習の能力を身に付けさせたかったはずです。しかし，実際は，国内外の学力調査で示される姿は，「点数は取れるが意欲は低い」という状態でした。これは，優先順位を誤ってしまったからではないでしょうか。では，適切な優先順位とはどのようなものなのでしょうか。

　この問いを解くヒントになるのが，元文部科学省教科調査官の安野功氏の主張です。安野氏は，下記のような図を用いて，「「学力向上」は，「意欲×質×量」のかけ算構造にある」と言います[*34]。つまり，学習意欲と学習の質と学習の量は，「積の関係」にあり，「学ぶ意欲は，学び続ける原動力であ

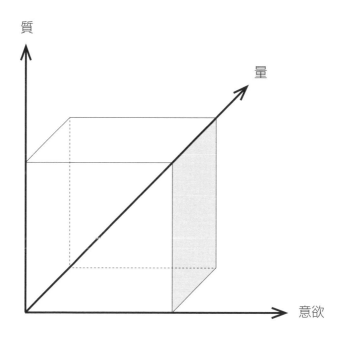

り，学ぶ量と深くかかわっている」として，学力向上においては，学習意欲を高める手立ての工夫が大事だと指摘しています[*35]。確かに，学習意欲の低下した子どもたちに授業を実施したとしても，それを受け入れようとしないでしょうし，面白いと思っていないのだから学習量も増えることはないでしょう。それに，やる気のない子に無理矢理取り組ませても，学習意欲はさらに低下するでしょうから，結果的に学力の体積は小さくなってしまうことでしょう。

批判されがちなドリル学習や練習問題ですが，数値の上昇に成功している例もあります。それは，学習意欲の向上にも成功しているからでしょう。しかし，同様の戦略をとりながら，成果の出ない場合は，学習意欲の向上に無頓着だったのかもしれません。

少なくとも学級経営においては，前章で述べたように，子どもたちを細かく管理するようなリーダーシップをとって，「静かなる荒れ」と呼ばれる状態を生み出してしまっている場合もあります。

子どもたちの素直さに胡座をかく，または，荒れを恐れるが余り教師の要求を優先してしまっていた

のかもしれません。学校生活の意欲の低下は学習意欲の低下をもたらしたことでしょう。その結果，国内外の学力調査で示される「点数は取れるが意欲は低い」というなんとも不思議な状態を生み出してしまった，と考えられます。

資質・能力を，「確かな学力」と同じような状況にしてしまっていいのでしょうか。これまでも述べてきたように，資質・能力は，変化の時代を生き残るために必須の能力と考えられます。失敗は許されないのではないかと思います。そこで，資質・能力の三要素についても，優先順位を考えておきたいと思います。優先順位を決めることで，焦点化された実践が行われ，そのねらいを達成できる可能性が高まるからです。

第3章 資質・能力の中核

2 「ややこしい」身に付けたい力

資質・能力の優先順位

では，資質・能力の優先事項は，何でしょうか。この優先順位を判断するのは，やはり，目的です。資質・能力の育成の目的といえば，これまで述べてきたように，子どもたちが社会の変化を乗り越えて，よりよい社会を構築し，幸せな人生を創造することです。こうした願いは，「答申」の「はじめに」において

2030年の社会と，そして更にその先の豊かな未来において，一人一人の子供たちが，自分の価値を認識するとともに，相手の価値を尊重し，多様な人々と協働しながら様々な社会的変化を乗り越え，よりよい人生とよりよい社会を築いていくため

と表現されています。

前章では，資質・能力の三要素の関係性を考察しました。そこでは，③が①と②が高まる方向性を与える目的のようなものだと位置づけました。それによって，資質・能力の育成とは，「知識・技能」と「それらを使う力」を往還させながら，社会貢献と幸せの創造の方向に向けて高めていくというモデルを描くことができました。

ぼやっとしていたものが少しハッキリしてきましたが，まだ，優先順位を特定するほどではないようにも思います。この曖昧さを感じさせている要因が，②の「どう使うか」の部分ではないでしょうか。①の「知識・技能」の

第3章 資質・能力の中核 **83**

部分は，これまでにも日本の学校教育が最も力を入れて取り組み，そして，成果を上げている部分です。③は，目新しいように思いますが，公教育の性格を考えれば，当然といえば当然です。教育基本法における教育の目的は，「人格の完成」と「市民の育成」ですから。しかし，①をどう使ったら，③に結びつくのか，そこがこれまでの教育では曖昧とされてきたのではないでしょうか。

　ここらへんをもう少し遡れば，資質・能力の正体がはっきりするかもしれません。「答申」では，「どう使うか」の部分を次のように表記しています。

　将来の予測が困難な社会の中でも，未来を切り拓いていくために必要な思考力・判断力・表現力等である。思考・判断・表現の過程には，大きく分類して以下の三つがあると考えられる。
・物事の中から問題を見いだし，その問題を定義し解決の方向性を決定し，解決方法を探して計画を立て，結果を予測しながら実行し，振り返って次の問題発見・解決につなげていく過程
・精査した情報を基に自分の考えを形成し，文章や発話によって表現したり，目的や場面，状況等に応じて互いの考えを適切に伝え合い，多様な考えを理解したり，集団としての考えを形成したりしていく過程
・思いや考えを基に構想し，意味や価値を創造していく過程

　これを読むと，前半部分はある営みの流れを，中盤はそのプロセスを，そして，最終部分はその結果のことを言っています。これを，平成27年8月26日に同部会から出された「教育課程企画特別部会における論点整理について（報告）」では，さらにわかりやすく表現していると思います。

　問題を発見し，その問題を定義し解決の方向性を決定し，解決方法を探して計画を立て，結果を予測しながら実行し，プロセスを振り返って次の問題発見・解決につなげていくこと（問題発見・解決）や，情報を他者と共有し

ながら，対話や議論を通じて互いの多様な考え方の共通点や相違点を理解し，相手の考えに共感したり多様な考えを統合したりして，協力しながら問題を解決していくこと（協働的問題解決）のために必要な思考力・判断力・表現力等である。

とあります。活用力，つまり，「どう使うか」はどのような力かと言えば，

協働的問題解決能力である

ということがわかります。ここで特に注目したいことは，求められている能力が，問題解決を協働で遂行する力であるということです。問題解決は，孤独な作業ではなく，協働によって実現されるものであり，そのための能力が求められているのです。みなさんのクラスには，この協働的問題解決能力をもっている子どもたちが何人くらいいますか。地域，学校，クラス，そして仲間や自分の問題を見つけ出し，それから学んだことを活用し，他者と協力をしながら主体的に解決するような子です。

子どもにとって学校教育とは

　資質・能力を育成しようとする教育は，世界的な流れです。世界の国々も「キー・コンピテンシー」や「21世紀型スキル」の教育を始めています。その背景を，国立教育政策研究所は次のように言います[36]。

　「グローバル社会では，環境や経済，国際関係など様々な分野において，専門家も答えを持たない複雑で世界規模の問題が，一人一人の市民に影響を与えます。こうした問題を解決しながら持続可能な社会をつくるためには，誰かが答えを出してくれるのを待つのではなく，市民一人一人が考えや知識や知恵を持ち寄り，主体的に答えを作り出すことが求められます。つまり，「何を知っているか」だけでなく，それを使って「何ができるか」「いかに問

第3章　資質・能力の中核　85

題を解決できるか」が問われるようになってきました。」

　変化の波に洗われているのは日本だけでなく，世界共通の状況のようです。

　OECD（経済協力開発機構）は，これからの社会に適合し生きる力，所謂「コンピテンシー」を，国際的，学際的かつ政策指向的に研究し，その結果を「キー・コンピテンシー」として定義しました。

　キー・コンピテンシーとは，文部科学省 HP「OECD における「キー・コンピテンシー」について」（中央教育審議会 初等中等教育分科会 教育課程部会（第27回（第３期第13回））議事録・配付資料［資料４−１]）によれば，その定義は，

・「キー・コンピテンシー」とは，日常生活のあらゆる場面で必要なコンピテンシーをすべて列挙するのではなく，コンピテンシーの中で，特に，
　　１　人生の成功や社会の発展にとって有益
　　２　さまざまな文脈の中でも重要な要求（課題）に対応するために必要
　　３　特定の専門家ではなくすべての個人にとって重要
　　といった性質を持つとして選択されたもの。
・個人の能力開発に十分な投資を行うことが社会経済の持続可能な発展と世界的な生活水準の向上にとって唯一の戦略。

です。さらに，キー・コンピテンシーは三つの要素が示されています。

１　社会・文化的，技術的ツールを相互作用的に活用する能力
２　多様な社会グループにおける人間関係形成能力
３　自律的に行動する能力

　これを見るとキー・コンピテンシーとは，わかりやすく言えば，三つの能力を用いることを通して，「全ての人の人生に役に立つ，要求（課題）対応能力」と言えます。このように，幸せな人生の創造や社会への貢献に向かっ

た協働的問題解決能力を意図していることがうかがえます。

　OECD の研究は，列挙ではなく焦点化がなされていてわかりやすいと思います。私たちの国の議論では，「あれもこれも立てる」という玉虫色の結論が導き出されがちです。主張をしている人が誰も傷付かない形です。

　多様な人たちがそれぞれに意見を言っていると議論がまとまらないのは当たり前です。しかし，何かに決めると角が立ちます。そうすると，妥協策は並列表記です。みんな大事なことだけに，結論が出る頃にはモザイクのようになってしまって，ややこしくて，なんだかよくわからなくなっていることがあります。

　議論の流れを見ていると，担当者の方々の様々な葛藤ややりとりがあったことが読み取れます。しかし，あれも大事これも大事では，議論した大人たちは誰も傷付きませんが，損益を被るのは子どもたちです。

> 　学校教育は関係者にとって仕事であっても，子どもたちには人生

なのです。

第3章 資質・能力の中核

3 子どもたちの未来に 関心をもっているか

有力な問題解決方略

　世の中が変化する，それは，今の大人たちが予想のできない変化です。

　そこで様々な問題が起こり，そこからさらに多くの問題が派生してくることでしょう。それらの問題は，次々と，

> 　一人一人に，課題として余儀なくその解決を要求してくる

のです。

　学校では，まあまあの成績だったので，それなりの大学に入ったけど，得意なことも社会に対する強い思いもないので，就職試験ではねられ続け，結局，全く興味のない業種の会社に就職，今は生きがい探しの毎日，この先どうしたらいいのだろうか。自分の希望する就職口がない。就職先で人間関係がうまくいかない。順調にやっていたのに，突然リストラにあってしまった。会社が倒産してしまった。高齢の両親を抱えながら家族を養うにはどうしたらいいだろうか。伝統の家業を引き継いだはいいが，町からどんどん人はいなくなる。業績は下がるばかり。従業員も雇えないし，今いる従業員に給料も払えない。このままでは家族だけでなく，従業員も路頭に迷わせてしまう。どうしたらいいだろうか。

　しかし，八方ふさがりになったとしても，人とつながることができていれば，打開できる可能性が高まります。解決策を誰かが知っているかもしれないのです。自分には解決策がなくても，それをもっている人とつながること

ができればいいのです。また，今いるメンバーと知恵を出し合って打開策を考えればいいのです。そのメンバーに人脈があれば，そのメンバーが解決策をもっている人とつながっているかもしれません。つまり，

> つながりは，極めて有力な問題解決方略

なのです。

　教師が「資質って何だ」，「能力って何だ」と右往左往し，目的を曖昧にしたままに，日々の業務をこなすことに一杯一杯になっていたら，その間にもどんどん時間は過ぎていきます。そして，待ったなしで子どもたちは，卒業していきます。変化を乗り切る力をつけないうちに，です。

　「確かな学力の中核は，主体的に学ぶ態度である」と言いきってしまったらよかったのです。しかし，学力低下論争の直後だったからでしょうか，知識・理解を後回しにするような印象を与える主張は嫌われたのでしょう。そこに，学力テストや調査が追い打ちをかけ，やたらと点数を上げるような教育が展開されました。

　同じようなことを繰り返さないために，

> 資質・能力の中核は，協働的問題解決能力である

と言いきってしまったらいかがでしょうか。一人一人の子どもたちが幸せになるために，問題解決を協働で遂行する力を身に付けさせることが最も重要なことであるとしたらどうでしょう。

資質・能力を基盤とした教育が目指すところ

　中央教育審議会初等中等教育分科会教育課程部会，教育課程企画特別部会などのメンバーだった奈須正裕氏の主張は明快です。「すべての子供を優れ

た問題解決者にまで育て上げる。これが資質・能力を基盤とした教育が目指すところ*37。」

　これは，なんら教科指導の必要性を否定している話ではありません。むしろ逆です。質の高い問題解決には，教科で学ぶ知識や技能は必要です。有効な問題解決のためには，文章の読解力も，数学の力も，英語も，ICTも必要です。問題解決能力を高めることが，知識や技能を蔑ろにすることになるはずがありません。一つ一つを分割するから，「大変だ」「負担だ」「どうしよう」という話になるのです。

　先ほどのリストラなどの問題は，学校教育の範疇ではないと考える方もいると思います。もちろん，就職の問題，親の介護の問題，社会人になってからの人間関係の問題は，学校教育の射程外かもしれません。学校の教師が，就職の仕方や，介護の仕方や，上司や同僚との付き合い方を教えるべきかどうかは意見が分かれるところでしょう。

　しかし，どうでしょうか。もし，数年後に懐かしい教え子にバッタリと会ったとしたら，あなたは教え子の「今」が気になりませんか。進学や，就職や健康状態など，今の生活環境が幸せであってほしいとは思いませんか。教え子との再会の別れ際に，もし，教え子が申し訳なさそうに，「先生，悪いんだけど，お金貸してくれない？」と言ったらどうしますか。一人や二人なら，そして，それが少額ならば「どれくらい？　ああ，それくらいなら」なんて融通を利かせることもできるかもしれませんね。しかし，話を聞いてみたら，「あいつも，あいつも，そういえば，あいつも就職できていないんだよ，先生……」なんて未来が直ぐそこに来ているかもしれないのです。

　そんな彼らに学校ができることは，そして，あなたがすべきことは，卒業生にお金を貸すことではないはずです。現在向き合っている，そしてこれから出会う子どもたちに，「協働的問題解決能力を育てること」ではありませんか。

　みなさんは，確かに超多忙な日常を送っていることと思います。しかし，もし，それらに忙殺されているとしたら，少し立ち止まって子どもたちの将

来に思いを馳せてみませんか。そして，もし，自分の関心が山のような業務に向けられ，子どもたちの将来からずれてしまっているとしたら，軌道の修正をしてみませんか。普段の学習態度や学校生活から，彼らの将来を見据えてみると，本当に大切なものが見えるかもしれません。

第3章 資質・能力の中核

4 ALと学級経営

学びにおけるアプリとOS

　資質・能力を身に付ける授業のあり方が，ALです。従来の一斉講義型の授業に象徴される「正解到達型」授業は，教師が描いた授業の範囲内での知識・技能，活用力を身に付けることを目標とします。一方で，ALは，「目標創出型」授業，つまり，授業が当初の目標に到達すると同時に，さらなる疑問や目標を創出する授業です。

　例えば，小学校国語の「やまなし」（宮澤賢治作）の学習で，子どもたちは，5月と12月の場面を比較することから，二つの世界の違いを視覚的に捉えて，その違いに気づいたとします。その比較検討から，この物語のテーマに迫ることができたとします。すると，子どもたちの中から，「なぜ，賢治がこのような物語を書いたのだろうか」などの疑問が出てきて，それが学習課題になるような場合です。こうした流れは，一斉指導の授業でもあり得ます。ALの場合は，子どもたちが自ら学習したいと発意するのです。当然，そういう状態になるには，この単元だけの学習だけでは難しいでしょう。さらには，国語の学習だけでも難しいかもしれません。やはり，その教室のカリキュラム全体が，目標創出型になっている必要があります。

　ALの導入は，現在の学校教育で普通に行われている教師がコントロールする授業からの脱却を促しているのです。教師のいない場面でも，学校外でも，つまり，

92

> 教師が「視界から消えた状態」で学習を進めることができる子どもたち

の育成を目指しているのです。

　学級経営と授業は、パソコンのOSとアプリのような関係です。高スペックのアプリを起動するには、高スペックのOSが必要です。正解到達型の授業は、低スペックのOSで成立します。正解到達型の授業が成り立つには、教師が「並びなさい」と言ったら、素直に子どもたちが整列し、教師が叱ったら、素直に聞く（少なくとも聞いたふり）をするクラスだったら、十分に成り立ちます。子どもたちにルールを徹底しなくても、教師の話していることがルールとして機能していればいいのです。

あなたの学級経営のスペック

　しかし、ALはそうはいきません。ALは、教師のコントロール下でなくても学習が成立している必要があります。これは、子ども同士に様々なルールが定着していなくてはならないわけです。ルールを定着させるには、教師が信頼されていなくてはなりません。信頼されていない状態では、教師が視

界に入っていないときは，ルールからの逸脱行動が起こる可能性があります。また，子ども同士の信頼関係も必要です。信頼関係のないところで，子どもたちの自由度は下がります。自由な意見が出てこないのです。自由度が下がると，当然，創出されるアイディアの質も下がります。そもそも，ペアやグループによる交流型の学習が機能しないことでしょう。

　新学習指導要領が小・中・高等学校を通じた「学級経営の充実」を唱えることは，主体的・対話的で深い学びの実現，つまり，資質・能力の育成の観点から言っても，当然のことのように思いませんか。

第3章 資質・能力の中核

5 教科の専門性とは

不毛な議論を越えて

「授業づくりと学級づくり，どちらが大事か？」のような二項対立の議論を聞くことがあります。その度に，実に「不毛な議論だな」と思います。また，「よい授業をしていればよい学級ができる」とベテラン教員が若手を育てるときに言うことがあります。その一方で，「クラスができていれば授業はどうとでもなる」と言う方もいます。どちらの主張も少し乱暴だなと思います。どちらが真実かどうかを考えてもあまり生産的ではないように感じます。どちらも，そういう事例があるという話です。

ただ，それらには共通した基盤があるように思います。前述のように，力のある教師のパフォーマンスは，高性能のパソコンのような構造をもちます。安定した OS をもち，その上で優れたアプリを起動しています。OS とは，学級経営力や生徒指導力，子ども理解力などのことです。そして，アプリは，各教科等の授業ということになります。

教師にとって「教科の専門性が高い」ということは，極めて重要な力です。先日，教科指導で有名な実践家とお話をする機会がありました。彼は，「学級経営なんて，今まで考えたことがない」と言っていましたが，多くの人が納得するようなすばらしい授業をします。また，彼の元に学びに来ていた中堅教師ともお話しました。彼女は，「今まで，学級経営の勉強をしたことがない」と言っていましたが，クラスが荒れてヘトヘトになっていました。発言だけ聞いていると，どちらも，学級経営に対する意識は，そう違わないように思います。しかし，両者の置かれている現実は，全く異なります。両

第3章 資質・能力の中核 95

者の違いは何なのでしょうか。授業力そのものでしょうか，それとも，子ど
もたちの実態が圧倒的に違うのでしょうか。

　確かに，子どもたちの実態は違うことでしょう。日本全国，同じ実態のク
ラスなんてあるわけがありませんから。しかし，彼がこれまで常に，学習意
欲が高くて，学習スキルやソーシャルスキルが備わっていて，基礎学力の高
いクラスだけで授業をしてきたかというと，そうではないでしょう。今時，
そんなクラスだけを選んで授業することなどできるわけがありません。前者
の彼の授業を見る限り，通常の教科指導のなかで，自分との関係や子ども同
士の関係を育てたり，学級集団がうまく機能するようなしつけをしたりして
いることは明らかです。つまり，彼は，

> 　OS を起動（学級経営）させた上で，アプリを起動させて（授業して）
> いる

のです。

教科の専門性の高い教師

　所謂「よい授業」とは，OS とアプリがセットになって起動しているので
す。彼女の方の話を聞いていると，ネタや授業方法は勉強してきたようです。
つまり，アプリは集めてきました，そして，アプリの使い方も勉強してきま
した。しかし，アプリを起動させる OS については無頓着だったのではない
でしょうか。どんなに，

> 　教科の教材と指導法に詳しくても，それを授業で活用することができ
> なかったら「教科の専門性を備えた教師」とは言えない

のではないでしょうか。「教科の専門性を備えた教師」とは，優れた OS と

96

アプリの両方をもった教師のことを言うのです。「よい授業」を語るときに、OSとアプリを切り離すから、話がややこしくなるのです。

　学級経営がこんなに過剰に注目されるようになったのは、学級崩壊等の学級集団の機能低下の問題が起こってきたからです。学びの前提条件が崩れていて、授業どころではない実態が見られたからです。そこで、学級経営という包括的な営みから、学級づくりという集団づくりや人間関係づくりの部分が取り出され、それに関する情報が多数発信されるようになりました。

　そしてやがて、表裏一体だった、授業づくりと学級づくりが分離するようになり、「授業づくりVS学級づくり」の二項対立の議論が起こるようになったと理解しています。しかし、そろそろそうした不毛な議論をやめにしたらいいと思います。さもないと、OSが整っていないのにアプリの機能を高めるような研修や、その逆のもっといろいろなアプリを起動させ得る子どもたちに、能力以下のプログラムしか実施できないなどということが起こってきます。

> 教科指導（授業）は、学級経営とセットになって機能するものである

という現実に、多くの現場が向き合うべきだと思います。

　教科指導も学級経営も、教師のリーダーシップと深くかかわっています。リーダーシップは言うまでもなく、OSの話です。OSのなかでもその中核をなす要素です。学級経営や生徒指導は、教師の意図や行動から始まり、方向づけられ、実体化します。そのことを考えれば、

> 学級経営や生徒指導は、教師のリーダーシップそのもの

だと捉えていいと思います。学級経営は、何か特定のプログラムを実施することだと捉えている方もたまにいらっしゃいますが、そうではありません。また、学級活動や道徳の時間の特別な時間枠で実施すればいいというもので

第3章　資質・能力の中核　97

もありません。「よい授業」をする教師は，教科の指導時間にも学級経営は行っていて，そのためのリーダーシップを発揮しています。

OS を機能させるリーダーシップ

では，リーダーシップとは何なのでしょうか。自己啓発の祖と言われるD．カーネギーは，リーダーシップを次のように説明します[38]。「人々を援助して彼らの可能になる能力を発揮させること，将来へのビジョンを確立すること，勇気づけ，指導し，模範となること，成功に導く関係を確立し維持すること」。そして，今，リーダーシップの必要性についてもカーネギーは，他者の言葉を引用しながら，「かつて想像した以上の柔軟さが必要とされる時代には，リーダーシップの手腕が決定的な役割を果たす」と言っています[39]。

> 安定していた時代は，管理的なリーダーシップで十分

でしたし，それで都合がよかったのです。まだ教師の指導性が保証されていて，多くの子どもたちが，教師に黙って従っていた時代は，そちらの方が効率的でした。

しかし，多くの方が認識しているように，今は変化の時代であり，これからさらなる大きな変化が予想されます。世界に類を見ない少子高齢問題の進行で，人口が減少していきます。今，私たちが当たり前に思っていることのほとんどは，人口増加時代につくられたほんの数十年の一時的なものに過ぎません。今後はそれが通用しなくなる可能性があります。今がまさにカーネギーの言う「かつて想像した以上の柔軟さが必要とされる時代」ではないでしょうか。

そんなときに，学校が用意したコンテンツを効率的に教えるだけで，子どもたちが変化の時代に生きる力を身に付けられるとはとても考えられません。良好な関係性とモチベーションを高めるコミュニケーションを基盤にして，

子どもたち一人一人の自己実現の意欲を引き出していくリーダーシップが，子どもたちの幸せを実現していくのです。

　子どもの力をつける原理は極めてシンプルです。

> 　教師が決めたら子どもは決めない，教師がやったら子どもはやらない。

　しかし，教師が何もしなかったら，子どもも何もしないかもしれません。だから，リーダーシップが必要なのです。教師が何もしなくていいようにするためには何をするのか，それもリーダーシップの問題です。子どもたちのモチベーションを上げるリーダーシップの理論と技術については，既に書籍に示しました[40]。参考にしていただければ幸いです。

　授業というアプリが機能するためには，学級集団という OS が機能しなくてはなりません。つまり，授業づくりも学級経営も，特定のプログラムを実施することではなく，その本質は，

> 　教師の「あり方」や「やり方」に埋め込まれたリーダーシップにある

と言えるのです。主体的・対話的で深い学びの実現を，授業づくりのみの問題として捉えると恐らくうまくいかないでしょう。これは，高性能のアプリです。それ相応の OS が必要です。OS を起動させるのは，子どもたちの自己実現の意欲を引き出す自立性支援のリーダーシップなのです。みなさんは，教師がいなくてもやっていけるような子どもたちに育てていますか。

第3章　資質・能力の中核　99

第3章 資質・能力の中核

6 AL を阻害する「部分最適」という病

教員養成が生む部分最適

新学習指導要領のねらいを達成するためには，早急に OS，つまり学級経営のバージョンアップが望まれます。しかし，学校現場は，それを実現することは可能なのでしょうか。

現在の学校教育において，AL の浸透や発展を阻害する要因があるとしたらそれは，学校教育がもつ

> 部分最適に陥りがちな体質

だと考えています。部分最適とは，企業を例にして言えば，その方針，人，組織，仕組み，システムなどのなかで，

> それぞれの要素や部署の機能の最適化を図ること

です。企業には，製品の開発や生産，販売，その材料の調達，また，人材確保，人材育成などの様々な部署があります。それぞれの機能の生産性を高め，機能を向上させることです。

しかし，部分最適には落とし穴があります。これらをバラバラに進行すると，組織全体に悪影響を及ぼすことがあります。例えば，優秀な人材を確保したいと考えて従業員の給料を上げます。優秀な人材が集まり，従業員のモチベーションが上がるという最適化の効果が現れる一方で，当然，人件費の

100

高騰は，経営を圧迫します。長期的には，極度の合理化，人員のカットなどにより労働環境を悪化させ，結果的に企業の存続自体も脅かすことになってしまいます。また，どんなに製品開発が優れていても，営業をしなくては，製品は売れません。一方で，どんなに営業を一生懸命やろうとも，肝心の製品がいまひとつだったらこれも収益が上がらないわけです。

　それで組織の発展には，全体最適という発想が必要になってきます。全体最適とは，

> システムや組織全体の最適化を図って目的を達成しようとするもの

です。今の学校教育のあり方を見ていると，この全体最適の発想に欠ける事例をしばしば目にします。今，学校教育が窮地に立たされているとしたら，この部分最適体質がその一つの要因になっていると考えています。

　部分最適の最も象徴的なものは，過剰な授業，とりわけ教科指導に対する重み付けです。この傾向は小学校に強いようです。中学校においては，部活動に置き換えられるかもしれません。授業への過剰なシフトを例に話を進めます。次ページの図をご覧ください。授業も学級で営まれる教育活動の一つと捉えれば，学級経営だけを見ても，これだけの業務が想定されます。しかし，学校が多大なエネルギーをかけて取り組む研究のほとんどは，授業研究であり教科指導の研究です。

　また，教師は，教科や領域の専門性を自分のアイデンティティとする傾向があります。教師が，教科の専門性にプライドをもち，そこを高めようとすることはとても結構なことですが，教師の仕事はそれだけではありません。中学校や高校の教師が，「私は○○（教科）教師です」と言うのはわからないでもありません。教員免許状に示してありますから。しかし，「国語教師」が，生徒指導や道徳教育をしなくていいわけではありません。また，小学校の教師までがそうした発言をすることに違和感を感じることがあります。小学校の教員免許状には，どこにも教科名や領域名は書いてありませんから。

第3章　資質・能力の中核　101

ただ，一方で，教師が特定の教科・領域をアイデンティティにするのもわかります。教員免許を取得する教員養成課程がそうなっているからです。教員養成系の大学では専門課程に入ると，専門性をもった指導教員につきます。そのゼミが教科・領域の専門だと，やはりその教師が自分の専門をそれであると自覚するのは自然なことです。将来的には，生徒指導やその他の教科外指導もやらなくてはならないにもかかわらず，特定の教科・領域に関する知識のみを蓄えていくことになります。そして，現場に行って驚くのです。「授業以前にやるべきことがこんなにあるのか」と。

教員研修が生む部分最適

　この構造は，現職になっても大きく変わりません。多くの自治体には，教育研究会のようなその地域の教員で構成される研修団体があります。その部会も教科・領域に分かれています。定期的に集まり（集められ），教科・領域に関する公開授業や研修会を開きます。しかし，そこでは，生徒指導の困難校の教師であるにもかかわらず，教科指導をひたすら勉強したり，学校課題とは全く違った内容の勉強をしたりすることがあります。勤務校のニーズとは異なっているにもかかわらず，所属する研究会の論理で学びを蓄積することになります。

　また，そこで評価されることは，地域の教師としてのステイタスを上げることになります。すると周囲からも「〇〇（教科・領域名）の△△先生」と呼ばれます。当初は疑問を感じて参加していた教師も，やがて「そういうものか」とそこに身を委ねるようになります。ここらへんの事情は，みなさんの方がよくご存知のことでしょう。

このように授業，とりわけ教科指導に飛び抜けたコストがかけられている構造は，学校教育のそこかしこに見られます。また，ここに研究会が重なると，学校はさらなる悲劇に襲われます。教師の関心が，ごっそりとそちらにもっていかれ，

> 　子どもたちの成長のために紡がれていた時間が，見世物としての色合いを濃くしていく

のです。授業，それも教科指導，ならびに研究会を大事にすることにはなんの異論もありません。ただ，そこにあまりにもコストがかけられすぎていることが問題だと指摘しているのです。ただでさえ忙しい学校現場が，一部分だけを磨き上げることで疲弊していることが問題だと言っているのです。

学校教育のもつ部分最適体質

　しかし，事の本質はそこではなくて，部分最適に陥りがちな学校教育の体質です。教科の壁を取り払うことが期待された総合的な学習ですら，実践が進むにつれ，独特の枠に囲まれていったように感じます。総合的な学習という新しい枠組みをつくってしまったのです。全ての教育活動で行うはずだった道徳も教科化されることになりました。学校教育は，制度やシステムがもつ意図とは裏腹に，そこに生まれる文化は，とにかくまとまりとして意味をもっているものを分断することが好きなようです。

　これまで学校教育が経験してきた，体験主義か系統主義か，ゆとり教育か学力向上か，授業づくりか学級経営かなどの極端な議論も，こうした部分最適体質と無縁ではないと思います。子どもたちは，国語だけで，算数だけで，道徳だけで，特別活動だけで，また，部活動だけで人格を完成するわけではありません。しかし，学校教育は，その人格の完成という目的が曖昧であるために，方法論に関心を向けがちです。全体最適のためには欠くことのでき

第3章　資質・能力の中核　103

ない目的を見据えるということがとても苦手です。

　企業の場合は，消費者が評価者です。したがって，消費者のニーズが評価のものさしです。ところが，学校は子どもたちのためと言いながら，彼らは評価者ではありません。したがって，研究会や教師の専門性という「業界」の価値観がものさしになり，そこでどう評価されるかが重要な関心事になります。学校教育における部分最適の傾向は，学習指導要領の理念の実現といった公のねらいとは別なところで，教師のアイデンティティや自己実現の問題といった私的な願いが絡み，さらに進行していく体質をもっているのです。

　職業人の専門性は世の中の発展のためには大事なことです。しかし，組織においては，それが時には，目的の達成の妨げになることがあります。

> 　専門性がしばしばぶつかり合い，組織としての協働力や即応力，柔軟性を削いでしまう

ことがあるのです。みなさんも一度や二度は体験したことがあるのではありませんか，そんな不毛な権力闘争を。

　例えば，指導案の検討会をしていて，ある指導場面の指導方法について，複数の教師の意見が対立してしまう場面に遭遇したことはありませんか。それぞれの教師が，自分の経験則で成功しているので譲りません。しかし，互いの正当性を主張しているうちに，子どもたちの実態や授業者の実力から離れて，自分たちのことを語り出してしまうと，授業者は悲惨ですね。結局最後は，「あなたの授業だから，あなたが決めて」と丸投げされます。

　学校教育，特に義務教育の段階は，ほどほどに未分化だからいいのです。未分化だから折り合えるのです。折り合えるから協力できるのです。わが国の学校教育は，まだまだ本当の意味で子どもたちのものになっていないように思います。学校教育を大人の自己実現の道具にしてはいけないと思うのです。

部分最適と焦点化

　小学校が授業の質を上げる，中学校が部活動に力を注ぐということは，当然であり，それが焦点化なのだと思われる方もいるかもしれません。しかし，全く発想が違います。

> 　焦点化は，成し遂げたい目的に基づいて為され，部分最適は目的を見失っている場合に起こる

のです。授業研究や部活動が徒労感を生むのは，目的が見失われている証拠ではないでしょうか。もし，それに取り組む教師に目的が自覚され，達成感があったならば，教師は，授業研究や部活動にもっと異なる感情を抱くのではないでしょうか。

　新学習指導要領は，激変が予想されるこれからの社会において，子どもたちがよりよい人生と社会を築くための初等中等教育が果たすべき役割を示したものです。ひたすらに腕力をつければ健康になるというものではありません。また，休養だけしても健康になれません。子どもたちの社会人として生きる力を見据えることなくして，一部の業務に膨大な時間をかけることは，健康を考えずひたすら筋トレをするようなものです。子どもたちを本当に幸せにしようと思うなら，学校教育も全体最適の発想に立つべきです。

第3章 資質・能力の中核

7 曖昧さと決別する学級経営

曖昧な学級経営

　学級経営の重要性に疑念をもつ教師は少ないと思います。しかし，実際に教師が学級経営をするときに頼りにするのが，自らの経験と勘であり，また，個人的な研修によって得た情報です。自らの経験と勘で勝負している人は，若い人の場合は，経験値や情報量が少ないので自分の子ども時代の記憶を引っ張り出してきたりするわけです。

　しかし，みなさんもご存知のように経験ほど曖昧なデータベースはありません。これのみによって，複雑で高度な営み（子どもたちの人生を預かる仕事）をすることは，危険と言わざるを得ません。もし，お医者さんが最新の医療を学ばずに，過去の経験，それも自分が子どもの頃に受けた治療法で，あなたを治療しようとしたらいかがですか。その医者に，身を委ねる気にはならないと思います。ただ時々，経験や勘は成功をもたらします。そこで得た成功体験は，経験や勘に自信を与えます。それを繰り返していると，経験と勘だけで勝負するベテランになってしまう可能性があります。

　なぜ，それほどのリスクを背負ってまで，経験と勘に頼って学級経営に取り組まねばならないのでしょうか。それは，これまでも述べてきたように，「教えられていない」からということと，「学ぶ場がない」からということ，そして，それによって，

> 何をしたらいいのかわからない

からです。これまで，学習指導要領上においては，ずっと曖昧だったわけです。第1章で述べたように，中学校と高等学校においては，触れられてもいなかったわけです。つまり，学習指導要領上は，存在しないも同然だったわけです。そうした観点から見ると，新学習指導要領は実に画期的なのです。

　仕事の生産性は，ヒト，モノ，カネ，時間に支えられていると言われます。仕事において成果を上げるには，この四つを揃える必要があります。これを授業に置き換えてみましょう。ヒトは，教師と子どもという人的資源，そして，モノは，教科書（教育内容）や教具，教授方法，機器や教室といった物的なものも含めて環境のことを指すと言っていいでしょう。また，時間は授業時数です。では，カネとは何でしょう。教育現場ではちょっと想定しにくいかもしれません。直接子どもたちに賃金を払っているわけではありませんが，モノや教材研究にかける意欲や努力を含むコストなどが，これに当たるかもしれません。

　これを適正に配分している教師は，授業においてそれなりの成果を上げていることでしょう。つまり，目的達成のために，必要な（適正な）時数で，必要な教材や機器を揃え，教材研究のための書籍を購入したり，セミナーに行ったりしてその授業を実践し得る力量を高めていることでしょう。

　授業ならば，これらのことは，教師の個人的な努力を除いて標準装備されるわけです。しかし，これが学級経営となると，まるで様相が変わるのです。まず，モノがない。教科書がありませんし，教えられていないから何をすればいいかわからないという教師もいます。そして，明確に示された学級経営のための時間もありません。時々，若手の教師から「学級経営っていつやるんですか？」という質問を受けることがあります。学級経営を知らないとそういう発想になるのかと，軽く衝撃を受けました。

　ただ，そうした言い分もわかります。学級経営のために，アイスブレイクやミニゲームをやろうとしても，5分の時間も確保できないほど，慌ただしい状況の現場もあります。そして，カネに当たる意欲や努力ですが，そもそも何をしていいのかわからない教師には，これは存在しない条件となります。

すると，学級経営をしようにも，普通の教師には人的資源しかないわけです。これでは，学級経営というもののイメージがわかない教師がいたとしても無理もありません。また，学級経営を知っている教師が，「できない」と思うのも無理もありません。

実体が与えられた学級経営

多くの教師が自分の子ども時代の記憶で教育をしているとすると，

> 学級経営は，日本の学校教育から消えていく

ことが予想されます。教師と子どもたちの心の通い合いも，子ども同士の絆も，また，人のことを本気で心配して応援したり，助け合ったりする経験も，仲間と腹の底から笑い合ったり，拍手して喜び合ったりする姿も，昔の記憶になってしまうのでしょうか。

しかし，新学習指導要領では，そうはならないようです。第１章で引用して示したように，それまで明確な規定のなかった中学校，高等学校においても学級経営を明記し，小・中・高等学校を通じた充実を図ることとしました。また，特別活動，とりわけ学級活動（ホームルーム活動）との関連が強く示されています。

「答申」の第２部第２章16（本書39ページ参照）とは，特別活動にかかわる記述です。「(1)現行学習指導要領の成果と課題を踏まえた特別活動の目標の在り方　②課題を踏まえた特別活動の目標の在り方」には，次のような記述があります。

特別活動は，教育課程全体の中で，㋐特別活動の各活動において資質・能力を育む役割だけでなく，㋑学級活動を通じて学級経営の充実が図られ，学びに向かう学習集団を形成することや，各教科等の特質に応じた「見方・考

え方」を特別活動の中で実践的な文脈で用いることによって，各教科におけるより「主体的・対話的で深い学び」の実現に寄与する役割や，⑦教育課程外も含め学級・学校文化の形成等を通じて学校全体の目標の実現につなげていく役割を担っており，これらをバランスよく果たすことが求められる。

　そして，さらに，「(2)具体的な改善事項　①教育課程の示し方の改善 ii)指導内容の示し方の改善」には，

　総則において学級（ホームルーム）経営に関して明示することに対応し，学級活動・ホームルーム活動の(1)を中心に学級経営との関連を図ることを示すことが必要である。

　とあります。

　学級活動の(1)とは，学級の課題を自分たちで見出して解決に向けて話し合う活動のことです。学級経営と学級活動の(1)との連携を強く打ち出しています。学級活動の実践家たちは，ずっと主張してきたことではありますが，学級経営と学級活動の(1)の関連が，学習指導要領上に明記されたことになります。

　ここには，新学習指導要領における学級経営の役割，そしてそこにおける学級活動の機能が明確に位置づけられているのではないでしょうか。ここまで本書で述べたような AL と学級経営のかかわりが示されています。AL を機能させるのは，学級経営の質だと言っているわけです。学級集団の質的向上によって，「学びに向かう学習集団」を形成し，各教科の AL の実現に寄与するのです。そして，その学級経営の充実は，「学級活動を通じて」なされるとしています。

第3章　資質・能力の中核　109

学級経営の中核

　学級経営は，多くの教師がニーズを感じながら，その実態がなく，関心の
ある人は関心をもち，やる人はやっているというとても曖昧なものだったの
ではないでしょうか。しかし，今回の改訂によって，学習指導要領に位置づ
けられ，そして，それは学級活動(1)と強い関連をもつ営みであることが示さ
れました。その関連という言葉の根底には，「学級活動を実践することによ
って」というはっきりとした役割があるのです。

　つまり，学級経営と学級活動は，イコールとは言いませんが，

> 　学級活動が学級経営の中核をなす

という，これまで熱心な学級活動の実践家たちが，あちこちの研究会で主張
し提案してきたことが，学習指導要領の中で明示されたと言えるでしょう。

　しかも，みなさんご存知のことと思いますが，新学習指指導要領には，各
教科領域における個別の資質・能力があります。当然，特別活動にも身に付
けるべき資質・能力があります。つまり，曖昧模糊として何をすればいいか，
そして，何を身に付けさせればいいかがわからなかった学級経営において身
に付けるべき力が，

> 　学級活動を通して明らかになった

わけです。

　ただ，一方で危惧することもあります。それは，一部の教室で起こった
「道徳の授業」のような扱いになることです。これからは「道徳の授業」は，
「特別の教科　道徳」として，着実な実践を積み上げていくのかもしれません。
しかし，教科化したとしても，この危険性はぬぐい去れません。それは，
「その時間だけやっておけばいい」という実践です。その教室で実施される

道徳教育のエッセンスが「道徳の授業」です。授業で学んだことを，日常生活の体験と往還させることで道徳的実践力は養われることと思います。35時間，道徳の授業をすれば，道徳教育をしたということにはならないわけです。

　学級活動を通じた学級経営の充実も同じことが言えるでしょう。

> 　学級活動を実践したからといって，学級経営をしたことにはならない

ことは，確認しておきたいと思います。学校は部分最適体質をもっていることを前に指摘しました。道徳の授業をやりました，学級活動をやりました，だから，道徳教育をしました，学級経営をやりましたということにはならないことは，しっかりと認識しておかねばなりません。

第3章 資質・能力の中核

8 学級経営で身に付けるべき資質・能力

学級活動の資質・能力

　では，学級活動でねらっているものとは何でしょうか。そこから学級経営で身に付けるべき資質・能力が見えてくることと思います。新学習指導要領の「特別活動」の「学級活動」の目標を見てみます。小学校と中学校は同じです。

〔学級活動〕
１　目　標
　学級や学校での生活をよりよくするための課題を見いだし，解決するために話し合い，合意形成し，役割を分担して協力して実践したり，学級での話合いを生かして自己の課題の解決及び将来の生き方を描くために意思決定して実践したりすることに，自主的，実践的に取り組むことを通して，第1の目標に掲げる資質・能力を育成することを目指す。

　前段に書かれた取り組みを通して，「第1の目標に掲げる資質・能力」を育成することが，学級活動のねらいです。ここで言う，第1の目標とは，特別活動の目標です。それでは，特別活動の目標を見てみましょう。小学校と中学校は，ほぼ同じ表記ですので，小学校のものを掲載します。

第1　目　標
　集団や社会の形成者としての見方・考え方を働かせ，様々な集団活動に自

112

主的，実践的に取り組み，互いのよさや可能性を発揮しながら集団や自己の生活上の課題を解決することを通して，次のとおり資質・能力を育成することを目指す。

(1) 多様な他者と協働する様々な集団活動の意義や活動を行う上で必要となることについて理解し，行動の仕方を身に付けるようにする。

(2) 集団や自己の生活，人間関係の課題を見いだし，解決するために話し合い，合意形成を図ったり，意思決定したりすることができるようにする。

(3) 自主的，実践的な集団活動を通して身に付けたことを生かして，集団や社会における生活及び人間関係をよりよく形成するとともに，自己の（中学校：人間としての）生き方についての考えを深め，自己実現を図ろうとする態度を養う。(（ ）は筆者)

　学級経営を通じて身に付けるべき資質・能力がはっきりしてきました。しかし，学級活動は年間35時間です。あれもこれもでは，きっと虻蜂取らずになり，実現できません。ここでも，焦点化を試みたいと思います。ただ，ここでの作業は，資質・能力の三つの柱の優先順位を考察したときよりもグッと楽です。三つの柱に，各教科，領域等でどうアプローチするかを示したものが，個別の資質・能力ですから，随分と焦点化されたものになっています。

特別活動の目標の視点

　これらの資質・能力は，これまでの特別活動の目標を整理して，指導する上で重要な視点として「人間関係形成」「社会参画」「自己実現」の三つにまとめられました。そして，それらを視点にして，三つの柱に基づき検討されたものです（中央教育審議会教育課程部会特別活動グループ「特別活動ワーキンググループにおける審議の取りまとめ（報告）」（平成28年8月26日）より）。

　特別活動における資質・能力がある方向に向かって示されていることがお

第3章　資質・能力の中核　113

わかりでしょうか。特別活動の目標における重要な視点によって，一層明確になっています。「社会参画」は，よりよい学級や学校生活づくりへの主体的な関与を意味しています。それは，学級や学校生活の主体的な向上への関与であり，すなわち，よりよい学級や学校生活をつくるための問題解決によって実現されるのです。それを可能たらしめるものが，良好な人間関係です。
　つまり，

　どんなに高い能力や知識をもっていても，所属するコミュニティでよい関係をつくることができなければ，問題解決に貢献することは難しく，従って，参画はなされない

わけです。なんだか回りくどく言っているようですが，簡単に言えば，関係の悪い集団においては，人はその発展のために積極的にかかわろうとしないということです。自分を認めてくれる人や仲のよい人がいるから，その集団のために一肌脱ごうとするわけです。みなさんも日常的にそうした体験をしているのではありませんか。
　そして，その問題は，自己実現にかかわっています。自己実現とは，簡単に言うと「なりたい自分になる」ということですよね。私たちは，日々いろいろな欲求を抱えて生きていると思います。お腹が空いたときは，食べ物のことで頭がいっぱいになることでしょう。誰かに意地悪されれば，そこから立ち去りたくなるでしょう。また，寂しいときは話し相手を求めることでしょう。そうした人間の抱く欲求は，階層をなして現れるとして「欲求階層説」を提唱したのがアブラハム・マズローですが，そのマズローの理論を実践的に修正したものに，アルダファーのERG理論があります[41]。

114

関係性と自己実現

　これがわかりやすいので，ERG 理論を使って，人間関係と自己実現の関係を述べたいと思います。ERG 理論は，人間の欲求を3段階に分けています。1段階目は，「生存欲求」です。物質的・生理的欲求をすべて含み，飢え，賃金，労働条件など全てに対する欲求です。2段階目は，「関係欲求」です。自分に重要な人々（家族・友人・上司・部下・敵など）との関係を良好に保ちたいという欲求です。そして，最後は，「成長欲求」です。自分の環境に創造的・生産的な影響を与えようとする欲求で，これが充足されれば，人間としての充実感が得られるとされます。

　ERG 理論の注目したいところは，基本的には下位の欲求（生存欲求→関係欲求→成長欲求）から満たそうとしますが，それが満たされなくても上位の欲求は出現し，同時に存在し得ることです。また，生存欲求と関係欲求はある程度満たされると重要度が下がり，より上位の欲求の重要度が上がるにもかかわらず，最上位の欲求（成長欲求）は満たされてもその重要度は減少せず逆に増加する。また，上位の欲求が満たされないと下位の欲求に意識が向くことなどです。

　社会が高度化，複雑化するに従って，人の欲求も複雑化します。お腹が空

いても，寂しくても，同時に仕事で成功したいと思っていることでしょう。また，まだそんなに人に認められていないときにはとても謙虚だった人が，成功を機に傲慢になることもこの図によってわかります。仕事の成功によって関係性への欲求が低下してしまうのです。人に対する敬意や礼儀をしっかりと身に付けていない人は，成功を手にするとそれを手に入れるために大事にしてきたことを見落としてしまうのかもしれません。まさに「関係性」はタダではないのです。

　また，仕事がうまくいかないと，周りの人のせいにする人がいます。この現象も，ERG 理論は説明してくれています。仕事がうまくいかないと，人間関係に関心が向いてしまいます。「俺がうまくいかないのは，周りが無能だからだ」などのように思ってしまいます。また，所属に失敗すると死を選ぶ心情も，これによって理解できます。関係性に躓くと，生存の危機を感じるというわけです。

　つまり，良好な人間関係は，社会的成功の前提条件ということです。よい生活がよい人間関係の基盤となり，さらにそれらが自己実現の基盤となるのです。こうした観点から見てみると，特別活動における資質・能力は，とてもよく考えられているなと思います。

　自己実現は，よりよい人間関係を形成しながらの生活の向上が基盤であり，自己や集団の問題を協働によって主体的に解決することによってもたらされる。そして，それには協働の意味を知り，そのための知識と態度・スキルが必要だと言っているのです。

　このことは，新学習指導要領の，特別活動で身に付ける「見方・考え方」によく表れています。

特別活動の「見方・考え方」は，「各教科等における見方・考え方を総合的に働かせて，集団や社会における問題を捉え，よりよい人間関係の形成，よりよい集団生活の構築や社会への参画及び自己の実現に関連付けること」と整理することができる。（「答申」より）

ここでは，各教科等の見方・考え方を活用した問題解決を人間関係の形成，集団生活の構築，社会参画，そして，自己実現につなげていくことが，特別活動の本質だと言っているのです。

　特別活動における資質・能力は，資質・能力の三つの柱の中核的能力である「協働的問題解決能力」を育てるために，特別活動からのアプローチを示したものです。また，その育成は，学級活動の(1)が主な場であり，それは学級経営の中核をなすと言っていいのではないでしょうか。

学級経営とは

ここまでの話をまとめたいと思います。

---

① 　学級経営とは，学級活動とりわけその(1)を中核として充実が図られる営みである。
② 　学級活動で身に付けるべき力は，協働のための知識と態度・スキル及び話し合いによる自己や集団の問題解決に主体的にかかわることによって，自己実現を図ろうとする態度である。
③ 　学級経営には指導すべき内容があり，その中核をなすのが②である。

　これまで学級経営は，その重要性が認識されながら，実体をもっていませんでした。そのため，個々の教師の思想や経験に委任された形で実践されてました。場合によっては，わからないからできないという状況も生み出していました。あるベテラン教師は，「若手の教室から学級経営が消えている」とまで言いました。しかし，指摘された若手にしてみれば，その指摘の意味すらわからなかったことでしょう。自分の経験や学習のなかで，学級経営に当たるものが見当たらないわけですから。

　新学習指導要領の趣旨が尊重された教育が実践されるならば，そうした混

乱は徐々に解消すると思われます。新学習指導要領では，学級経営そのものではありませんが，「学級経営で指導すべきこと」そして，「学級経営の中核となる時間枠」が示されました。つまり，モノと時間を得たわけです。「学級経営とは何か」，「学級経営は条件整備か教育内容か」，「学級経営では何をすればいいのか」，「学級経営をいつすればいいのか」，「授業か学級経営か」，「学級経営はする必要があるのか」，などなど，

　曖昧なために生じた数々の疑問に，ある程度の解答を得た

のではないでしょうか。あとは，それを実現するためにコストをかければいいのです。つまり，あなたが学級経営をしようとするかどうかです。

第3章　資質・能力の中核

9 ▶ 学級経営力とは？

授業と学級経営の関係

　本書によって，「『授業づくり』と『学級経営』は，どっちが大事か」といった不毛な対立や，「よい授業をすれば，よい学級ができる」また，「学級さえできていれば，授業はなんとでもなる」といった拡大解釈ともとれる主張に，終止符を打ちたいと思っています。学級経営のない授業も，授業が行われない学級経営もないわけですから。

　本書では，ALを実現するには，それが機能する学級経営が必要である，という極めて当たり前の話をしているだけです。上記のような議論が出てくる背景としては，学級経営と授業の関係性の捉えが関係しているのではないかと思います。どちらが先か，どちらが上かの二項対立の議論をしている場合は，多くの場合，

> 学級経営が授業を成り立たせるための前提条件

という捉えがあるのではないでしょうか。つまり，学級経営は，授業の土台や基盤であるという考え方です。私は，こうした考え方を学級経営の「条件整備論」と呼んでいます。こうした捉えが，教師を学級経営の問題に向き合いにくくしていると思います。

　学級経営の問題は，授業の一段下の問題という捉え方です。これに基づくと，学級経営に躓いたとき教師はプライドがとても傷付きます。また，困ったときに，特にベテランになるほど，「今さら聞けない」という話になりま

第3章　資質・能力の中核　119

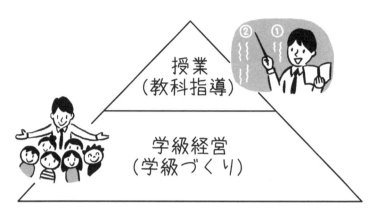

す。また，研修テーマとしても，学級経営を取り上げると，「そんなことをしている暇はない」とか，「そうしたことは個人的にすることだ」として，そもそも校内研修のテーマとして話題にすら上らないでしょう。こうした事情で，学校内にしんどいクラスがあったとしても，後回しにされてしまうのです。これも，学級経営が学ばれていないことが理由です。そして，そのために，学級経営と他の教育活動，とりわけ各教科の指導との関連がブラックボックスに入ってしまっているからだと考えられます。

しかし，先ほど引用した「答申」の「(1)現行学習指導要領の成果と課題を踏まえた特別活動の目標の在り方　②課題を踏まえた特別活動の目標の在り方」には，

各教科等の特質に応じた「見方・考え方」を特別活動の中で実践的な文脈で用いることによって，各教科におけるより「主体的・対話的で深い学び」の実現に寄与する役割

というように，各教科と特別活動の役割がはっきりと示されています。

ハブとしての学級活動

考えてみればある意味当然のことかもしれません。特別活動，とりわけ学級活動(1)で身に付ける資質・能力の，「協働のための知識と態度・スキル」，「協働による問題解決体験」そして，それを通した「自己実現」の態度は，すべての教育活動に影響を及ぼすはずです。それらは決して，三つの柱の下支えなどではなく，往還的な関係です。なぜならば，資質・能力は，特定の教科の中で完結するわけではなく，

> 他の教育活動同士や教育課程内外の活動同士，全てで行き来する汎用的能力であり，活用することで高まっていく

構造にあるからです。

例えば，小学校の国語科の学習で「『大造じいさんとがん』のクライマックスを検討する」とします。子どもたちが話し合いによって，ああでもないこうでもないと話し合います。この話し合いのときに，やはり，学級活動で培った協働による問題解決体験が生きていることでしょう。友だちが意見を言えなくて困っている，自分にできることは何だろうか。また，A案とB案で対立している，論点はどこだろうか，妥協点はどこだろうか，相手にどのように言ったら自分の言いたいことは伝わるだろうか，などなど，国語の能力を身に付ける過程で，社会的な能力や倫理的な能力も身に付けていることでしょう。

そのための基礎となるのが，学級活動で学んだ協働のための知識と態度・スキルです。そもそも，協働することによって，今よりよい解答に出会えることを知らない子にとっては，協働は面倒な仕事でしかありません。さっさと一人で答えを出してしまいたくなるでしょう。しかし，協働の意味を知っている，つまり，協働することで今よりすばらしい解答に出会える可能性を知っている子は，進んで協働しようとすることでしょう。他の教科で高まっ

た協働的問題解決能力は，学級活動における問題解決の質を上げることでしょう。そして，それがまた，教科の学習に還っていきます。

よりよいアイディアを生み出すスキルをもっている子，そして，葛藤を乗り越えるスキルをもっている子は，具体的な成果に向かって行動を起こすことができます。さらには，たった一人で解答にたどり着くのではなく，仲間を助けたり，仲間に助けられたりすることで，充足感を得ることができるでしょう。

こうした学びがあちこちで双方向的に起こるなかで，資質・能力が高まっていくのではないでしょうか。教育活動が，学級という舞台で展開されることを想定すると，資質・能力を育成する学級経営のモデルは，下の図のように構想されます。

学級経営はカリキュラム

　このように考えると，学級経営は，決して教科指導の条件整備のためにあるわけではなく，指導すべき目的をもった教育内容であるとも言えます。私は，これを学級経営の教育内容論と呼んでいます。その目的の達成は，教科指導をはじめとする他の教育活動の質的向上を促します。また，同時に，そのことが自らをも磨き上げていくわけです。

　学級経営力とは何かと時々話題となりますが，これからの学級経営力は，「クラスの学びの場としての機能を高める力」と言えるでしょう。具体的に言えば，協働的問題解決能力を育てる力です。もちろん，これはこれまでの生活の場としての質的向上をしなくてよいというわけではありません。しかし，資質・能力を育成する教育は，学びは，オーセンティックなものとしなければならないはずです。オーセンティックとは，「真正の，本物の」という意味です。本物の社会への参画として学びをデザインすることが求められます。ということは，学びの場の質的向上には，当然，生活の場の質的向上が含まれるわけです。生活と学びを切り離してしまったら，オーセンティックな学びにはなりません。

　協働的問題解決能力を育てることによって，授業は AL として機能していきます。つまり，質の高い授業が展開されるようになるでしょう。しかし，協働的問題解決能力が未熟なまま，ただ，形だけの協働的な学習をしていると，その学習は AL とはなり得ないでしょう。授業が一斉講義型から，AL型になっていくと，より一層，授業に学級経営の質が反映されるだろうと思います。その学級経営の質の高さとは，

> 　クラスがもっている協働的問題解決能力の高さ

と言っていいでしょう。資質・能力を育成するこれからの学級経営のねらいとして，協働的問題解決能力の育成が挙げられます。みなさんのクラスの子

第3章　資質・能力の中核　**123**

どもたちは，力を合わせて問題を解決できるでしょうか。

　ご存知のように，教育課程とは，学校教育において，教育内容を学習段階に応じて系統的に配列したものです。学級経営は，教育内容をもっていて，それがその他の教科指導や教育活動と往還的につながり合って，年間を通して営まれるものと言えそうです。

　このように考えてくると，

> 　学級経営のあり方は，カリキュラムそのもの

と見なすことが可能です。あなたの学級経営のねらいやそれを達成するための具体的な取り組みによって，子どもたちに身に付く力が変わってくるのです。

　学習における協働，例えばペア学習やグループ学習や学び合いを活動として取り入れるならば，子どもたちは，その場限りの型を身に付けることでしょう。一方，協働を他者貢献や協力などの機会として実施するならば，子どもたちは，生き方を学ぶでしょう。

　また，問題が起こったときに，教師が叱ったり指図をしたりすることで状況を解善しようとするならば，子どもたちは，傷付き自信を失うでしょう。一方，解決を委ねられ見守られたならば，子どもたちは，信頼を得て自信をもつことでしょう。

　こうしたことは，教科書には書いてありません。学級経営という日常におけるあなたの判断や姿勢にかかっているのです。

第 **4** 章

協働的問題解決能力を
育てる学級経営

第4章 協働的問題解決能力を育てる学級経営

1 子どもたちの人生のダメージ

クラスが荒れて困るのは

　ここまで，これからの学級経営のあり方を，新学習指導要領という少し高いところから，そして，子どもたちの現在よりも少し未来から見つめて検討してきました。「鳥の目」からの検討と言えるでしょう。しかし，多くの読者のみなさんの目の前には子どもたちがいて，あなたのマネジメントを求めるクラスがあります。そこを見据えることなくして本書は完結しません。本書を机上の空論や理想論では終えたくはないのです。本章では，現実の学級経営を見据えて，どのように協働的問題解決能力を育てていけばよいかということを検討してみたいと思います。「虫の目」の検討です。

　さて，学級経営がうまくいくと子どもたちから別れ際にこんな言葉をもらうことがありますよね。

　「先生，来年も私たちの担任になってね。」

　「こんないいクラスはなかったよ。」

　「このクラスのこと，忘れないよ。」

　子どもたちが，別れの時にこんな風に言ってくれたら，担任冥利，教師冥利に尽きるというものでしょう。

　しかし次年度，あなたの担任した子どもたちの様子がおかしい。新しい担任たちから聞こえてくる「気になる子」の名は，前年度のあなたのクラスの子どもたちの名ばかり。授業中の態度が悪かったり，反抗的な態度をしたり，不登校傾向になったりしているといいます。あなたとしては，とても信じられない気持ちです。放課後になると，かつての愛児たちが教室に遊びに来ま

126

す。彼らが口々に言うのは，現在の担任とクラスメイトに対する不満や悪口です。

　小学校では，「よいクラスをつくった」と思った次の年にこうした経験をする教師がいると聞きます。それも，周囲から実力者と見られている教師です。また，自分の前ではあんなに頑張っていた子どもたちが，中学校に行って好ましくない態度を取っているという噂を聞くこともあります。中学校の教師なら，胸を張って卒業していった教え子たちが，高校をごっそり退学していたという経験がある人もいるかもしれません。

　こうした話は次の年に限ったことではありません。自分が担任している間にも起こります。小学校だったら，担任の言うことしか聞かず，理科，図工，音楽などの専科の時間になると荒れるクラス，中学校だったら，特定の教科の担任の授業になると荒れるクラスがあります。教師によって過度に態度を変えるクラスが，落ち着いていると言えるのでしょうか。

　もし，クラスや授業が落ち着かず困っている教師がいるという話を聞いたら，

　「それって，その時間の担当の力量が低いからでしょ。」

と一笑に付しますか。親しい同僚が困っていたら，恐らく親身になって相談にのることでしょう。しかし，あまり親しくない同僚や隣の学校の教師だったらいかがですか。

　たとえ，何らかの落ち度が教師側にあり，それがきっかけとなってクラスが荒れてしまったとしても，それを教師の力量のみの問題として片付けてしまっていいのでしょうか。このような考え方の帰結するところは，「教師がもっと力をつけるべき」という話です。

　教師の力量の問題から目をそらしてはいけないと思いますが，だからといってこのことを教師の力量の問題のみに矮小化してはならないと思います。次年度に自分のクラスが崩壊したり，クラス替えがあった場合でも，学級崩壊の主役級が自分のクラス出身者だったりしたら，元担任としては，心中穏やかではいられないのではないでしょうか。しかし，問題は過去を思う教師

第4章　協働的問題解決能力を育てる学級経営　**127**

の個人的な感情的なものよりも，クラスの荒れが現在を生きる

> 子どもたちの発達に大きなダメージを与える

ということです。

人生における不利益

　自分が担任しているときうまくやっていても，次年度になって，クラスや学習に適応できない，担任に馴染めない，クラスメイトと交われない，また，現在においても，自分の言うことは聞くが他の教師の言うことは聞かないという状態が，子どもたちにとってどういう意味があるかということをもっと真剣に考えるべきです。

　私は，学級崩壊をしたクラスを何回か担任しました。彼らにとって学校は仕方なく行くところであり，教師は敵であり，クラスメイトは他人であり，信頼は勿論信用すらできない存在です。しかし，一定期間子どもたちは，嫌でもそこに居なければなりません。学級崩壊や荒れたクラスという環境は，子どもたちに毎日のようにメッセージを発し続けます。彼らは，そこから学びます。

> 教師もクラスメイトも信じられない

と。こうした認識をもった子どもたちが，社会に貢献しようと思うでしょうか。

　相手によって態度を変えることは誰もがもつ行動傾向ですから，それ自体は問題ではありません。むしろそれは現実的な適応能力だと言えます。しかし，問題は相手によって態度の振れ幅が過度に大きく，学習意欲を極度に減退させたり，非協力的な態度を取ったりして不適切な行動をしてしまうこと

なのです。

　学校支援で学力調査の結果などを見せていただくことがあります。数字の出ていないクラスについて聞いてみると，過去に学級崩壊などのクラスの機能不全を経験しています。

> 　自分とマッチングの悪い相手に不適切に振る舞ってしまうことは，人生に不利益

を与えます。不適切な行動が，成績の低下や反抗的行動や逸脱行動につながってしまうことが往々にしてあり，時には取り返しがつかないような事態を招くことが起こり得るのです。

最悪のリーダーシップ

　現在の学級経営における問題として，子どもたちのパフォーマンスがあまりにも「教師次第」になっていることが挙げられます。あれだけ落ち着いていたクラスが，教師が代わった途端に荒れるということが起こります。子どもたちが，あまりにも教師に依存的になっていて，そこには子どもたちの主体的な生き方を見て取ることができません。彼らは前に立つ人によって，適切に振る舞ったり不適切に振る舞ったりしながら，人生を送るのでしょうか。そこには，

> 　子ども相互の適切な影響力や子ども集団の教育力の喪失

がうかがえるのです。第1章で，機能が低下したクラスの様相として，「過干渉型」「鵜飼い型」「教師満足感優位型」「静かなる荒れ型」のクラスを挙げました。これらのクラスでは，子ども相互の関係性が薄く，「教師満足感優位型」や「静かなる荒れ型」になると，不適切に影響し合うようになりま

第4章　協働的問題解決能力を育てる学級経営　129

す。「教師満足感優位型」では，建設的なことを言わない，自ら行動しない，それが進行した「静かなる荒れ型」では，非協力という行動に出ます。もちろん，こうした状態でも全ての子どもたちが，不適切な行動をしているわけではありません。しかし，適切な行動をしているように見える子どもたちも，不適切な行動をしている子どもたちに無関心であり，改善のための行動をしないという望ましくない行動をしています。

　本来，子ども集団には教育力があります。クラスを教師主導の「鵜飼い型」にしてしまうことは，子どもたちの適切な影響力を奪ってしまうことになるのです。教師が問題が起きないように先回りをして，転ばぬ先の杖をつき続けることは，一見クラスを安定させるリーダーシップをとっているように思われますが，子どもたちの協働的問題解決能力育成の観点から見れば，最悪のリーダーシップと言えるでしょう。

問題解決型学級経営

　教師次第でパフォーマンスが変わることによって最も不利益を被るのは，他ならぬ子どもたち自身です。それを防ぎ，安定的に健全な発達を促すためには，子どもたちの主体性を育てることが必要です。学校教育において，子どもたちの主体性を育てるためには，教師がリーダーシップを変えねばなりません。教師がリーダーシップを変えるためには，ゴールとする集団像を変えねばなりません。

> ゴールイメージが教師のリーダーシップを規定する

からです。教師への依存性を下げ，子どもたちの主体性を基盤に形成される集団が，これまで検討してきた協働的問題解決能力をもつ集団なのです。

　本書では，協働的問題解決能力をもつ集団の育成を，問題解決型学級経営と呼びたいと思います。

問題解決型学級経営は，特別に新しい主張だとは思っていません。河村茂雄氏は，わが国の学級経営の先行研究を整理して次のように述べます。「指導一教わるという縦の役割関係が良好に成立している集団を単純によい学級集団とは日本の教師はとらえていない」，さらに，「子どもたちの自主的・自治的な活動で学級集団が運営されていくのを是とする傾向がある[42]。」このように，わが国の教師は，教師主導ではなく，自治的な活動による学級経営を志向してきたと言えます。

　では，学級集団における自治的能力とはどのようなものなのでしょうか。元文部科学省初等中等教育局視学官の杉田洋氏は，「多様な他者と折り合いをつけて集団決定をすることができる力」と「集団決定したことをそれぞれが役割を果たしながら，協力して実現することのできる力」の二つだと言います[43]。端的に言えば，集団決定力と協働実践力と表現できます。

　これらの力は，協働的問題解決能力と極めて似ていると言っていいでしょう。協働的問題解決には，当然，集団決定も協働実践もプロセスとして包含しているからです。本書で言うところの問題解決型学級経営は，わが国の教師が理想として志向してきた自治的集団づくりの延長線上にあるものであると同時に，変化の時代を生きる力としての協働的問題解決能力にフォーカスした取り組みなのです。

　みなさんは，なぜ教師になったのでしょうか。子どもたちを言いなりにしたくて教師になったのでしょうか。「勉強，学力，テスト」と子どもたちを追い込みたくて教師になったのでしょうか。今，あなたがそうなっていると言っているのではありません。そうした危険性と隣り合わせになっているのが，現在の教師であると言っているのです。

　子どもたちに幸せになる力を育てる教育に取り組んでみませんか。次ページからのチェックリストは，あなたの学級経営が問題解決型に向かっているか振り返るためのものです。あてはまったら□に「✓」を入れてみてください。

第4章　協働的問題解決能力を育てる学級経営　131

問題解決型学級経営への チャレンジ①

☐1　学級集団のゴールイメージはありますか。

　別れの時のクラスはどんな姿ですか。子どもたちは何ができるように
なっていますか。どんな表情をしていますか。できるだけ具体的に
ありありと思い描いてください。

☐2　そのクラスには，どんなルール（共通の行動様式）がありますか。

　ゴールイメージを実現するためには，クラスにルールが定着してい
る必要があります。もし，最後の日に，子どもたちが先生の話をしっ
かりと聴いているとしたら，「話の聴き方」のルールが定着していま
す。頷いて聴いているとしたら，「頷きながら聴く」という共通の行
動様式が定着しています。

☐3　そのクラスには，どんな雰囲気がありますか。

　クラスには，それぞれ固有の雰囲気があります。雰囲気が子どもた
ちの動きに大きな影響を与えています。子どもたちの主体性が引き出
されるための必須の雰囲気は「安心」です。ゴールイメージに描いた
クラスは，隅々まで安心感に満たされていますか。

☐4　そのクラスでは，子どもたちは協力し合って自分たちの問題を解
　　決していますか。

　ゴールイメージに描いた子どもたちは，クラスの問題を話し合って
解決することができていますか。また，仲間の問題に一緒に悩み，相
談にのることができていますか。

----

5 あなたは，そのクラスでどんなリーダーシップをとってきましたか。

あなたはゴールイメージを達成するために，どんなリーダーシップをとってきましたか。一学期，二学期，三学期に分けてあなたがとってきたリーダーシップに違いがありますか。また，それはどのような違いですか。

第4章 協働的問題解決能力を育てる学級経営

2 ▶ 問題解決型学級経営の ゴールイメージ

始まりに大切なこと

　物事を始めるときに大切なことは何でしょうか。

　ゴールイメージと言いたいところですが，それはその次の段階です。この問題を少し突飛なところから述べたいと思います。バイクにまたがった異形のヒーローが活躍するあまりにも有名な特撮番組があります。そこには，これもまたあまりにも有名な悪の組織が出てきます。秘密結社Sとしましょう。ヒーローも秘密結社Sも，自分たちの行動のゴールイメージをもっています。しかも，どちらも理想の実現という点でピッタリと一致しています。しかし，両者の利害は対立しています。従って，戦うのです。なぜ，ヒーローの行動が評価されるかというと，その行動が多くの人々の幸福につながるからです。つまり，それが社会貢献だからです。一方，秘密結社Sの理想は，多くの人の不幸の上に成り立つものだからです。

　つまり，多くの人に貢献するという考え方が支持され，それが「正しい」と見なされるわけです。人がある願いを実現しようとするときに，まず，最も大事なのはゴールイメージの適切さです。どんなにゴールイメージを順調に実現したとしても，それが誤っていたとしたら，誤った目的地に速やかに到着しただけです。子どもたちは，素直であなたの言うことをよく聞いていた，トラブルもなく平穏だった，よいクラスだったとしても，それが独りよがりだったとしたら，それは適切なゴールイメージだったとは言えないかもしれません。物事を始めるときに大切なことは，ゴールイメージよりも，まずは，そのゴールイメージをどのような考えに基づいて描くかということです。

134

ここまで学習指導要領サイドからそこに迫ってきましたが，今回は，少し視点を変えて社会的要請の部分から迫ってみたいと思います。教え子たちの顔を一人一人思い浮かべてみてください。

> 　みなさんの愛する教え子たちは，社会人としてうまくやっていけそうですか。

　「あの子は大丈夫だな」また，「あの子はちょっと心配……」など，いろいろだと思います。しかし，社会人として必要な力が曖昧であることも事実でしょう。では，それはどんな力なのでしょうか。

社会人として必要な力

　平成18年2月，経済産業省では産学の有識者による委員会にて「職場や地域社会で多様な人々と仕事をしていくために必要な基礎的な力」を三つの能力からなる「社会人基礎力」として定義づけました。同省によると，企業や若者を取り巻く環境変化により，「基礎学力」「専門知識」だけでは立ち行かなくなってきている現状を踏まえ，それらをうまく活用していくための「社会人基礎力」を意識的に育成していくことが，今まで以上に重要となってきているようです。

　社会人基礎力の三つの能力とは，次ページの図に示すものです。

　アクションとは，前に踏み出す力のことで，主体性，働きかけ力，実行力と呼ばれる能力からなります。また，シンキングとは，考え抜く力のことで，課題発見力，計画力，創造力からなります。また，チームワークとは，多様な人々とともに，目標に向けて協力する力のことで，発信力や傾聴力などの六つの能力からなります。これを見ると，社会人基礎力は，AL でねらっている資質・能力と重なる部分が大きいように思います。一般社会で必要な力を，学校教育でもしっかり育ててほしいという新学習指導要領の願いが見えます。

第4章　協働的問題解決能力を育てる学級経営　135

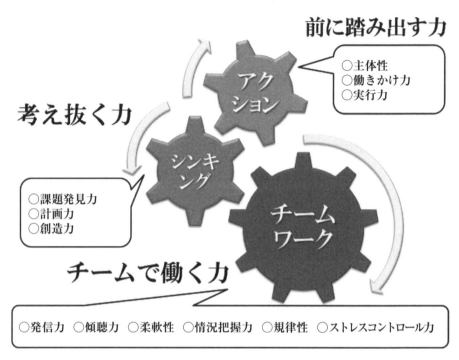

経済産業省 HP(http://www.meti.go.jp/policy/kisoryoku/) をもとに筆者作成

　この三つの能力は，それぞれがかかわり合って，基礎学力や専門的知識と往還し，社会に貢献していくと考えられています。これらは，それぞれどのような関係にあるのでしょうか。ここでも構造化を試みてみましょう。それによって焦点化が可能になることでしょう。

社会人基礎力の中核

　近年は，「チームの時代」と呼ばれるようになりました。1965年生まれの私が子どもの頃は，高度経済成長の時代でした。大量生産が求められた時代は，人を一定の枠に当てはめて，それこそ「歯車」のようにして動かすことによって生産性を高めなければいけませんでした。だから，社会から求められる人材，組織の一員として，余計なことを考えず，余計なことを言わずに，上の命令に黙って従う力が求められました。

　しかし，やがて社会に物があふれるようになると，「均一性と量」から「多様性と質」の時代に移行していきます。みんなが同じことをやっている労働から，個人の独立性を大事にするようになりました。個人の自由度が，多様な価値を生み出す原動力になるからです。そのため，企業は個人の能力を評価する成果主義を取り入れるようになりました。

　ところが，この成果主義は今まで組織の歯車として働いてきた日本人には合わなかったようです。個人に成果を求めることによって個人への期待が大きくなります。すると真面目な日本人は，仕事にプレッシャーを受けるようになり，周囲のことはさておいて自分のことだけを考えるような人たちが出てきました。これによって組織としてのまとまりが失われ，生産性を落とす企業も出てきました。

　そういうなかで企業が生き残るために選んだ戦略は，チームとして成長することです。ある課題に対してチームみんなでアイディアを出し合い，解決していくようになったわけです。チームワーク力が必要になったのは，これまでの労働形態が合わなくなったからだけではありません。世の中は複雑化，高度化し，そこで生起する課題もそれだけ複雑化，高度化しました。その課題を解決するには，過去の正解が適用できなくなってきました。すると，課題を解決するには，一人で考えるには手に負えないものが多くなってきたのです。すると，その場にいるメンバーでアイディアを出し合い，

第4章　協働的問題解決能力を育てる学級経営　**137**

> 正解ではなく「最適解」を見つけ出す力

が求められるようになりました。

　この一人では解決できない課題を，力を合わせながら解決する力がチーム
ワーク力で，そこで個々のメンバーに求められるのがチームワークを遂行す
る能力なのです。これからの時代は，組織に依存した受け身の生き方ではや
っていけません。逆に，どんなに個人的に秀でた能力をもとうとも，他者と
協力できないのでは，チームにデメリットをもたらしますので評価されませ
ん。つまり，前に踏み出す力や考え抜く力が意味をなすのは，他者の存在が
あってのことであり，それらの力を現実的なものにするのは，チームワーク
力であると言えます。

> チームワーク力は，これからの社会人に必須の能力

だと言えます。今，子どもたちに必要なのはチーム体験なのです。チームで
成果を上げるには，いかに個人のもっている能力を集団に開放できるかが勝
負です。

子どもを社会人にするチーム体験

　ところで，チームとはどのような集団なのでしょうか。協働的問題解決能
力をもつクラスは，チームとして機能するクラスだと捉えることができます。
社会人基礎力に規定される「チームワーク」には，六つの能力が示されてい
ますが，少し，複雑なように感じます。そこで，シンプルな定義を紹介しま
す。

　私は，拙著の中で実践的な考察から次のように定義しました[44]。

138

```
① 一人では，解決できない問題を
② よりよい人間関係を築きながら
③ 解決する集団
```

　ここでは，「社会人基礎力」で示された六つの能力が必要であることは，問題なく理解できると思います。チームで課題解決をするためには，自分の意見をしっかりと伝えねばなりません（発信力）。その前提として仲間の意見に耳を傾け，理解しようとしなくては信頼関係を築くことはできません（傾聴力）。また，メンバーと良好な関係を構築したり，課題解決をするためには，状況に応じて自分の考えを変えたり，折り合いをつけたりすることが必要です（柔軟性，情況把握力）。また，人との協働には必ずルールが求められます。自分勝手な行動はチームに不利益をもたらします（規律性）。さらに，人と協働することや課題解決は，いつもうまくいくとは限りません。いや，うまくいかないことの方が多いかもしれません。そうしたときには，消極的になったり，自暴自棄になったりしないで，建設的に対応する力が求められます（ストレスコントロール力）。

　しかし，学校教育のなかでは，チームで働くための一つ一つの能力を子どもたちに求めるよりも，チームで活動する体験をすることの方が重要だと考えます。そうした体験を繰り返すことによって，緩やかにバランスよく，必要な能力が育っていくことでしょう。

チームワーク力を阻むメンタリティ

　しかし，わが国の精神性は，チームで成果を上げることに対して抵抗があるようです。そうした構造は，私たちの生活の隅々まで支配しています。

　例えば，サッカーや野球などの選手起用を見ると，海外の場合はどんなに年俸を獲得していようと，調子がよければ起用する，悪ければ起用しないと

いった原理で動いているように見えます。しかし，わが国では有名選手がスタメン落ちすると，「意外」とか「屈辱」とかと新聞の見出しに書かれます。大相撲で，格下が格上を破ると「波乱」と大騒ぎをします。それは，単に調子のよいものが勝ち，悪いものが負けるという極めて合理的な結果なのに，わが国の場合はいちいちそこに物語性が付加されます。

　こうしたメンタリティが大物，小物，格上，格下の階層意識を生み，また，それを維持し強化してしまっているのではないでしょうか。つまり，大物や格上が仕切る世界を容認してしまっているわけです。チームの時代とともに，カリスマ的なリーダーは要らないという主張を聞くようになりました。これも組織のあり方が異なってきたからこそ，そのリーダーのあり方が変わってきたのだと指摘できます。

　それにもかかわらず，わが国は，政治でも経済でもスポーツでもリーダーの言動に過剰に注目し，どこかでカリスマ的リーダーの出現を待っているようなところがあります。カリスマ的リーダーの出現を待つということは，受け身な生き方を象徴しているのではないでしょうか。自ら判断したり，自ら行動したりすることの放棄につながるメンタリティです。

　こうした構造は，教育界にも見られることは言うまでもありません。学校の公開研究会を見ても，学校としてどう教育を創ってきたかということよりも，個別の教師がどういう授業をしたかに焦点が当てられがちです。研究会の成功も失敗も個人の仕事に帰されてしまうわけです。研究会が成功したように見えても，それは個々の教師の授業の成功への称賛であって，学校としての取り組みへの評価になっているかどうかは疑問です。個人の能力や成果を集団に開放するような構造にしないと，ますます学校はチームという組織のあり方とかけ離れていくでしょう。

　子どもたちに主体性を育てようと思うならば，まず，教師を含む大人たちが自らの主体性に向き合い，それを獲得するように行動することが求められそうです。受け身な生き方が，私たちの考え方や行動様式の隅々までこびりついてしまっているとしたら，自分自身に「主体的に生きているだろうか」

と問いかけることから始めないと，子どもたちの主体性の育成は難しいのではないでしょうか。教師のやったこと（やり方）は学習されなくても，教師の振る舞い（あり方）は容易に学習されるからです。

　さて，少し話が横道にそれましたが，社会的要請を確認してみると，「答申」に示された，特別活動の「見方・考え方」が，より現実的なイメージとして捉えられるのではないでしょうか。再掲します。

各教科等における見方・考え方を総合的に働かせて，集団や社会における問題を捉え，よりよい人間関係の形成，よりよい集団生活の構築や社会への参画及び自己の実現に関連付けること

　社会人基礎力は，学校で身に付ける基礎学力と職業的専門的知識をつなぐハブのようなものです。その中核となっている能力が，チームワーク力です。丁度それは，各教科の見方・考え方を総合的に往還させながら協働的な問題解決を促す，特別活動（とりわけ学級活動）のあり方と矛盾がないことがわかります。こうしたことから，チームとしてのクラスの姿が見えてきます。

問題解決型学級経営への チャレンジ②

☐1　あなたのクラスの子どもたちは，社会人としてうまくやっていけそうですか。

☐2　あなたのクラスは，チームと呼べますか。

☐3　あなたには，チーム体験がありますか。

☐4　あなたのクラスには，「成功の循環」（16ページ参照）が見られますか。

☐5　あなたは，「成功の循環」を体験したことがありますか。

第4章 協働的問題解決能力を育てる学級経営

3 問題解決型学級経営の プロセスイメージ

目標の達成を実現するもの

　ゴールがイメージできたとしても，そのイメージにどうやって到達すればいいかわからないようでは，目標の達成はできません。では，どのようにしたら，問題解決型学級経営ができるのでしょうか。目標を達成するために必要なものは何でしょう。P. F. ドラッカーは，こう言います[45]。

　「未来は望むだけでは起こらない。（中略）必要なものは，長期計画ではなく戦略計画である。」

　スローガンだけでは，変わらないと言います。しかし，闇雲に行動しても目標を達成することはできません。では，ドラッカーの言う戦略とはどのようなものでしょうか。次の三つをご覧ください[46]。「①リスクを伴う起業家的な意思決定を行い，②その実行に必要な活動を体系的に組織し，③それらの活動の成果を期待したものと比較測定するという連続したプロセスである。」

　これを学級経営に当てはめて考えてみましょう。次のような営みが想定できると思います。

　　①　「なぜするのか」「何をするのか」「何をやめるのか」を決める
　　②　「誰が」「いつ」「何を」するか割り当てる
　　③　目標と結果を比較し，次の手を打つ

　①がわかれば，②や③を構想することが可能になります。逆に，①がわからなくては，②も③も起きません。やるべきことがハッキリするから，役割分担ができて，評価も可能となるわけです。では，問題解決型学級経営を

第4章　協働的問題解決能力を育てる学級経営　143

「なぜするのか」は，もうここまで十分に述べたのでみなさん，おわかりだと思います。問題は，「何をするのか」ではないでしょうか。これがハッキリすれば自ずと「何をやめるのか」も見えてくるでしょう。

問題解決型学級経営の道筋

　問題解決型学級経営とは，何をすればいいのでしょうか。そのヒントも，やはり「答申」にあります。「16．特別活動　(2)具体的な改善事項　i)資質・能力を育成する学びの過程についての考え方」を引用します。ここでは，新学習指導要領における特別活動における，資質・能力を育成する道筋について述べています。

　特別活動の特質に鑑みれば，「決めたことの実践」が重要であることはいうまでもないが，特別活動において育成を目指す資質・能力は，実践も含めた全体の学習過程の中で育まれるものである。例えば，学級活動・ホームルーム活動においては「問題の発見・確認」，「解決方法の話合い」，「解決方法の決定」，「決めたことの実践」，「振り返り」といった学習過程を示している。

　「問題の発見・確認」，「解決方法の話し合い」，「解決方法の決定」，「決めたことの実践」，「振り返り」といった学習過程を経た「決めたことの実践」をすることで，資質・能力が育まれると言います。
　問題解決型学級経営の，「何をするのか」がこれに当たることでしょう。みなさんのクラスでは，クラスみんなで決めたことを，実践することが行われているでしょうか。学期に数回とかそうしたレベルではありません。定常的にそれが行われているかです。ここで，「何をやめるのか」も見えてきます。

144

> 教師がなんでもかんでも一人で決めることをやめる

のです。

今すぐ止めたい話し合い

　また，みんなで決めるといっても，「みんなで決める風」になっていないでしょうか。子どもたちが問題を見つけているでしょうか。「子どもたちから出た」とか言いながら，教師の「強い願い」や「操作」によって，子どもたちの本来の願いから乖離した議題になってはいませんか。解決方法の話し合いといいながら，発表会のようになっていないでしょうか。また，一部の発言力が強い子がずっと話し続けて，頷くだけの子どもたちが大勢いるような話し合いになっていないでしょうか。また，そうした非民主的な話し合いにもかかわらず，多数決をしたからといってそれがクラスの合意事項になっていたりしていないでしょうか。また，話し合いには時間をかけているわりには，決めたことが実践されていないようなことはないでしょうか。また，決めたことが決めっ放しになっていないでしょうか。話し合ったことがうまくいったのかいかなかったのか振り返られることなく，うやむやになっていないでしょうか。

　学級活動の授業を拝見すると，たまにこうした場面を見ることがあります。これでは，子どもたちは自ら問題を発見することは少なくなるでしょう。どうせ議題を挙げても願い通りに話し合われないからです。また，話し合いで自分の思いを語ることもなくなるでしょう。一部の子どもたちが話し合いを牛耳っていて自分の話を聞いてくるとは思えないからです。また，自分の思いを伝えることができていない話し合いで多数決などされても，それを心から守る気にはならないでしょう。多数決どころか話し合いに対する信頼を失うことでしょう。また，話し合っても誰も実践しないのなら，そして，そ

第4章　協働的問題解決能力を育てる学級経営　145

れを振り返ることなく何も変わらないのなら，誰も真剣に話し合わないでしょう。

　やるべきことは，「問題の発見・確認」，「解決方法の話し合い」，「解決方法の決定」，「決めたことの実践」，「振り返り」といった学習過程を経た「決めたことの実践」です。そして，やめるべきことは，例に挙げたような

　　形骸化した話し合い

です。目標達成のためには，ゴールとプロセスの両方の適切なイメージをもつことが必要です。

問題解決型学級経営への チャレンジ③

□1　問題解決型学級経営のプロセスイメージがありますか。

□2　あなたのクラスには，「問題の発見・確認」，「解決方法の話し合い」，「解決方法の決定」，「決めたことの実践」，「振り返り」といった学習過程を経た「決めたことの実践」をする活動（例えば，学級活動の(1)のような，自分たちの問題を解決する話し合い活動）がありますか。

□3　あなたのクラスの子どもたちは，自分たちの問題を見つけて，それを共有していますか。

□4　自分たちの問題を解決するための課題を設定するときに，それは子どもたちの願いに寄り添ったものになっていますか。（教師の思いや都合のよさが優先されていませんか。）

□5　子どもたちの全員参加による問題解決になっていますか。

□6　合意形成や意思決定のときに，納得することが大切にされていますか。（場合によっては，多数決は必要です。意思決定の方法としてそれが納得されているかどうかが大事です。）

□7　合意形成や意思決定の際に，行動を起こすことが決められた場合に，その行動が起こっていますか。

第4章　協働的問題解決能力を育てる学級経営　147

☐8　その行動が，うまくできたかうまくできなかったかを振り返っていますか。

☐9　うまくできなかったときに，それをどうするか（しばらく今の行動を続けるか，新たな解決策を決めるかなど）を決めていますか。

☐10　あなたのクラスの子どもたちは，問題解決を楽しんでいますか。

第4章 協働的問題解決能力を育てる学級経営

4 リーダーシップの変換

協働に準備不足の子どもたち

　子ども同士による問題解決能力の育成を実現するためには，様々なことを子どもたちに教えなくてはなりません。

> 　問題解決的な活動を営むためには，子どもたちは，「あまりにも準備不足」

だからです。子どもたちが問題解決活動を営むためには，いくつかの教えるべきことやできるようにしておくべきことがあるわけです。

　伝えなくてはならないことがあるからこそ，教師と子どもたちの信頼関係をつくることが必要です。教師は，「子どもたちと仲良くなればそれでよし」とならないことは，多くの教師が知っていることでしょう。良好な関係だから指導ができるのです。

　しかし，だからといって教え続けていればいいのかというと，そうではありません。問題解決集団とは，傍から見れば，

> 　あたかも教師が指導していないように見える集団

です。問題解決型学級経営の実現とは，教師が直接的な指示をしなくても動ける集団を育てることです。

　そこには，高度な自立性が求められます。しかし，子どもたちの生活に

は，自立的能力を阻む要因があふれています。多くの教師から「子どもたち
が年々幼くなる」という話をよく聞きます。自分と子どもたちの年齢が乖離
してきたために，子どもたちの育ちがディスカウントされて見えるからとい
う指摘も成り立ちますが，子どもたちの社会的体験不足が指摘され続けてい
るなかで，その最前線に立つ教師の実感は，妥当なものだと思います。

　第１章で述べた教師の「過干渉型」リーダーシップの出現は，こうした子
どもたちの自立性の未熟さにも一因があると考えられます。しかし，だから
といって，あれこれ手取り足取り指導していては，子どもたちの自立や問題
解決集団の育成は夢のまた夢です。では，子どもたちが自ら動くまで待てば
いいのでしょうか。それではいつになったら子どもたちが動き出すのかわか
りません。学校のカリキュラムは，非常に過密です。子どもたちが動くこと
を待ってはいられないのが現実です。だから，最初は教師が自立のために布
石を積極的に仕掛けなくてはならないのです。

　まずは，積極的に子どもたちに自立のために必要なことを教えます。そし
て，やがて子どもたちに委任していきます。

> 　問題解決集団の育成は，教師の意図的なリーダーシップの変換によっ
> て実現する

のです。

問題解決集団の育成の前提

　イメージとしては次ページに示す図のようになります。

　問題解決集団になるために必要なことを，最初は伝えたり体験させたりし
て教えます。投げかけるという意味では，「ピッチャー」のような役割です。
そうすると，何割かの子どもたちが動き出します。その子どもたちを見つけ
て，その動きを認めたりほめたりします。子どもたちの動きを受け止める役

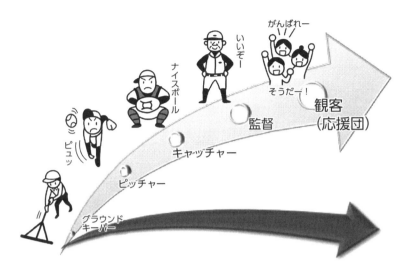

ですので「キャッチャー」と言えるでしょう。適切な行動を見かけたら,「ありがとう」「嬉しいね」などと言います。不適切な行動を見かけたら,「今ので,いいのかな」と指摘したり,「もう一度やってみようか」などと励ましたりします。

　自信をもった子どもたちが,今度は子どもたち同士で動き出します。そうしたら,今度はその動きを子どもたちの側で見取ります。時には子どもたちが失敗することもあるでしょう。そのときは,必要な作戦を授けたりすることもあります。しかし,あくまで活動するのは子どもたちです。この段階では,「監督」の役割をやっています。

　やがて,子どもたちから少しずつ離れたところから見守り,応援をします。子どもたちが成功したら共に喜び,失敗したら共に残念がります。「応援団」です。大事なのは失敗したときです。教師の仕事は,彼らを注意したり叱ったりすることではありません。そもそも,応援団にはそれはできさせませんから。失敗の改善策を考える様子や次のチャレンジも見守るのです。

　こうして,「ピッチャー」から「キャッチャー」へ,そして,「監督」から「応援団」へとリーダーシップを変換させていきますが,しかし,たった一つだけ,どの段階でも継続しなくてはならないものがあります。

それは「グラウンドキーパー」の役目です。教室環境の整備をします。設備，備品などの購入，メンテナンスは，子どもたちに委ねることはできません。安全な清潔な環境の保全に努める必要がありますが，大事なことは，そうした物的環境だけではありません。雰囲気などの目に見えない環境の保全が何より大事です。モチベーションの管理と言ってもいいかもしれません。

　時間を守ること，適切な言葉遣いがなされていることなどです。森信三氏は，「建設の三大原理」（一般的に「職場再建の三原則」などと呼ばれるもの）として，「一，時を守り，二，場を清め，三，礼を正す」と言いました[*47]。「時，場，礼」のメンテナンスは，子どもたちが生き生きと活動できる最低条件にかかわる重要な仕事です。そして何よりも大事な環境は，教師の立ち居振る舞いです。教師があたかも指導していないように見える教室を目指していますが，教師はそこにいるのです。多大なる影響を与えています。教室環境としての教師の姿を常にメタ視点でチェックすることは忘れないようにしたいものです。

　問題解決集団の育成の前提として，教師自身がまず

> 自分のリーダーシップをコントロールすること

が不可欠です。

　もし，4月に10の口出しをしていたとしたら，5月にはどうやったら7の口出しで済むだろうか，そして，10月になったら口を出さなくていいようになるだろうか，と考えるのです。

問題解決型学級経営への チャレンジ④

〈よりよいピッチャーになる〉

☐1　あなたは，子どもたちが人生をよりよく生きるためには，協力し合った方がよいと思っていますか。

☐2　あなたは，子どもたちが協力し合えば，自分たちで自分たちの生活をつくることができると思っていますか。

☐3　あなたは，折に触れて，子どもたちに協力することの意味や大切さを伝えていますか。

〈よりよいキャッチャーになる〉

☐4　子どもたちが，あなたの指示や指導なしで協力していることや誰か（クラス）に貢献していることはどんなことですか。また，そのことに対して子どもたちに喜びや感謝を伝えていますか。

☐5　あなたは，子どもたちのよさを指摘すること，喜ぶことが得意ですか。

☐6　あなたは，子どものよさを伝える言葉をどれくらいもっていますか。

☐7　あなたは，子どもたちに，一日に何回くらい「ありがとう」と言っていますか。

第4章　協働的問題解決能力を育てる学級経営　153

〈よりよい監督になる〉

☐8　あなたのクラスには，本気で協力や他者支援ができる子が2割以上いますか。

☐9　あなたのクラスには，勉強ができないとき，困ったとき他者に助けを求めることができる子が2割以上いますか。

☐10　あなたは，クラスのことなどを子どもたちに相談していますか。

☐11　あなたのクラスには，子どもたちが決めたルールがいくつありますか。

☐12　あなたのクラスでは，子どもたちが決めたイベントが実施されていますか。

☐13　あなたのクラスには，定常的（例えば，小学校なら週1回，中学校なら月1回程度）に，自分たちの問題を話し合う時間がありますか（一単位時間でなくても可）。

☐14　あなたは，子どもたちの適切な行動を，意味づけ，価値づけていますか。

〈よりよい応援団になる〉

☐15　あなたは，子どもたちの挑戦がうまくいくことを信じていますか。

□16 あなたは，子どもたちの挑戦を，過剰な口出しをせず見守っていますか。

□17 あなたは，子どもたちの挑戦がうまくいったときに，喜んでいますか。

□18 あなたは，子どもたちの挑戦がうまくいかなかったときに，失敗を責めずに，励まし，勇気づけていますか。

〈よりよいグラウンドキーパーになる〉

□19 あなたは，教室の整理整頓に気を配っていますか。

□20 あなたは，時間を守り，節度あるあたたかな態度や言葉で子どもたちに接していますか。

第4章 協働的問題解決能力を育てる学級経営

5 あなたの指導力を左右する信頼の優先順位

これからの教師に求められる能力

　協働的問題解決能力の育成や AL など，子どもたちの主体性が基盤となった教育を実現するときに，子どもたちの学習意欲，つまり学習に対するやる気の引き出しが重要なポイントになります。しかし，真面目，勤勉を美徳とするわが国は，教師にかかわらず社会や家庭においても，他者のやる気を引き出すことが苦手な人が少なくないようです。言われたことを言われたようにやることが大事な文化では，やる気を高めることなど考えなくても事が進むからでしょう。近年は，だいぶ変わってきたとは思いますが，これまで学校教育は，子どもたちが教師の言うことを聞くという構造の上に成り立ってきたのではないでしょうか。

> 　子どもたちのやる気を高めることについては，本気で考える必要のない文化をもっている

と言えます。

　熱心な先生方は「いや，そんなことはない。一時間一時間の授業で，子どもたちのやる気を高めるための工夫をしてきた」とおっしゃるかもしれません。それは紛れもない事実だと思います。しかし，新学習指導要領でねらう学習への主体性や学びに向かう力は，そうした一時間一単元レベル，そして個々の教師の達成レベルのやる気を問題にしているのではなく，継続的で持続的なやる気のことを言っているのです。これを各教室，各教師といったレ

156

ベルではなく，学年，学校，地域というようなマクロなレベルで実現できていたら，学習意欲に関してもう少し違う結果が出ているのではないでしょうか。

　ただ，これまでの現在の学校教育を批判したいわけではありません。この構造は，少数の教師が多数の子どもたちを相手に，一定の質の教育を保証するためには必要な仕組みだったと思います。しかし，一律の品質保証をする「工場モデル」の変換を促しているのが，AL の視点による授業の改善です。ただ，新学習指導要領は，指導内容は減りません。むしろ増加です。しかも，学びの質の向上を求め，一方的な教え込みや知識を注入するような授業は，改めていかねばなりません。普通に考えれば，これからの先生方は，かなり無茶なハードルを乗り越えながら，教材の解釈，的確な指示や発問ができるとともに，子どもたちのやる気を高める力が求められているのです。

やる気を高めるのは誰の仕事か

　しかし一方で，やる気というのは，個人的な要因で他者によって影響できるものではないから学校教育の対象外であるとの考えもあります。そこで，まず考えたいことは，子どもたちのやる気を高めることは，そもそも誰の役割かということです。ビジネスの世界では，それは割とはっきりと指摘されているようです。企業の経営，つまり，マネジメントにおいては，モチベーションの管理は，管理者，つまり，マネージャーの仕事です。ドラッカーもマネージャーの五つの役割の一つとして明言しています[48]。人は，強制的に仕事をやらされるとやる気を失います。やる気を失うと生産性が落ちます。だから，結果に対して責任をもつマネージャーにとって，メンバーのモチベーション管理は必須の業務なのです。

　学校教育も同じ構造であることがおわかりでしょう。どんなに教師が，勉強や運動ができようがそれほど重要ではありません。教育は，子どもたちが成果を上げて，初めて評価される仕事です。一定の成果を上げたいからとい

って，教師が無理矢理，勉強をさせたら，子どもたちはやる気を失うことでしょう。「そんなことするわけないじゃないか」とおっしゃる方もいるかもしれません。しかし，子どもたちのやる気は多様です。

　熱心に学習している傍らで，ひたすら流れ作業をするように授業を受けている子もいないとは言いきれないのではないでしょうか。一部の子が朗々としゃべっている側で，一定数の子が，虚ろな目をして佇んでいる授業をどれだけ見たことでしょうか。ただ，「全員にやる気をもたせよ」，「それができない教師は無能だ」と言っているわけではありません。

> 　教材や教え方に関心を払うことと同等かそれ以上に，子どもたちのやる気を高めることに関心を払うべき

だと言っているのです。

厳しい審判と緩い審判

　では，子どもたちのやる気を引き出すためには何をしたらいいのでしょうか。AL は協働による問題解決であり，チームスポーツに例えられることがあります。そこで，スポーツを例に話をしてみたいと思います。活動性の高い授業は，選手の全力プレーが繰り広げられる試合のようなものです。選手の活動性が高くなるほど，審判の力量が問われます。きわどいプレーが増えますから。そのときに選手のモチベーションを上げるのは，ルールの適用が厳しい審判でしょうか，情状酌量をしてくれる緩い審判でしょうか。

　答えは明らかですね。「厳しい審判」です。「緩い審判」は，一見，優しくてよいように思えますが，利害がぶつかる試合では，その時々でジャッジの基準が変わることは，不公平感を生じさせます。不公平感をもつと不利益を被った側は当然やる気を失います。片方の無気力は相手にも伝染し，試合全体のパフォーマンスを落とします。その状態では，勝った方も負けた方もチ

ームによい結果をもたらしません。

　試合において厳格なジャッジが意味するものは，厳しさとか公平性というものだけではありません。試合における厳格で公平なジャッジは，審判に対する信頼を生みます。信頼とは，相手に対する期待に正当に応えられたときに生じるものです。教室における動機づけの研究では，

> 教師に対する信頼が，子どもたちのやる気を高める

と結論づけています[*49]。教師に対する信頼は，安心を生みます。安心が挑戦への意欲を高め，パフォーマンスを高めるという流れです。

信頼の役割

　子どもたちのやる気と信頼関係が強く結びついていることを自覚している教師は少なくないことでしょう。しかし，信頼関係を構築することと，仲良くなることや親しみのある関係になることが区別されていない場合があるようです。両者は，似ているようで明確に区別されるべきものです。親しみは，家族などの信じることが前提の関係性のなかで生じるもので，信頼という概念を必要としないものです。お母さんが「私は娘を信頼しています」と言ったら，少し距離を感じませんか。親子関係は，親しみを基盤としているので，本来は信頼という言葉を当てはめることがそぐわないのです。

　過去から現在を経て未来まで，「親しみ」に基づく関係は，大きく変動することなく，それが突然失われるようなリスクはほとんどありません。親子関係が，昨日から今日，そして，今日から明日にかけて何か特別な事情でもない限り，大きく変わることはないでしょう。

　しかし，教師と子どもの関係はそうではありません。教師の何気ない言動が，子どもの心を傷付け，「明日から教師の顔を見たくない」などということが起こり得るのが，現代の教師と子どもたちの関係性です。身内ではない

第4章　協働的問題解決能力を育てる学級経営　159

外側に位置する存在の教師とかかわることは，子どもたちにとってある種の
リスクです。また，社会の高学歴化による教師の社会的ステイタスの低下や
日常的に報道される教師の不祥事が，そのリスクを増幅している可能性があ
ります。こうした構造は，現代の世の中には其処此処にあって，世の中が複
雑化すればするほど，外側の存在と関係をもつことはリスクを伴うわけです。
　買い物をすること，医者に行くこと，政治家に投票すること全てにそうし
た構造が見られます。店も医者も政治家も全て，私たちにとっては外側の存
在です。その人たちは，その店の品物は，本当に安全なのでしょうか。その
医者は，病気を治してくれるのでしょうか。その政治家は，私たちの生活を
よくしてくれるのでしょうか。それらが期待に応えてくれるかどうか，本当
のところはわからないのです。そうした状況を乗り越えて，それらとかかわ
るためには，リスクを下げる必要があります。つまり，自分の知っているい
くつかの体験や認識を判断基準にして，この人なら，この店なら，この医者
なら，この政治家なら「大丈夫」だと，暫定的な判断をします。

> 　本来ならいろいろと考慮しなくてはならないことを単純化することに
> よって，対象とかかわれるようになる

わけです。これが信頼です。

> 　人は，信頼という装置を使うことによって，リスクのある対象とかか
> わっていくことが可能になる

のです。信頼という概念は，こうしてつくり出されてきたと考えられます。
　教育は信頼と切っても切れない関係のように認識されています。それは誤
りではありませんが，教師は信頼されるべきだ，信頼された方がいい，とい
った努力目標レベルの話ではないのです。信頼は，教育などの制度が整えら
れるなど，社会の仕組みが複雑化してくる過程においてそれが機能するため

の社会的装置ですから，必須事項なのです。信頼があって学校教育という営みが成り立つのです。つまり，

> 学校教育を機能させるのは信頼

なのです。そして，社会はこれからさらに複雑化することが予想されますから，信頼の重要度はさらに増すわけです。

今日最もやってはいけないこと

　今見てきたように，親しみと信頼は区別されるべきものです。教師と子どもの関係は，親しみといったもので説明できず，教師という未知な存在に対して，これからに向かって起こるリスクを超える安心感を予期させるだけのものでなくてはならないということです。つまり，この先生なら，きっとこの先も大丈夫と思わせるような関係性がないと教育は成り立たないということです。信頼を獲得しないところで教育をしようとすると，やはり，そこには力ずくや強制による指導が入り込んでくることでしょう。

　では，どうしたら教師は子どもたちの信頼を獲得することができるのでしょうか。それにはまず，

> 親しみの段階を経ないと信頼は生まれてこない

ということを知っておかねばなりません。当然のことですが，なんのコストもかけずに子どもたちは教師を信頼しません。未来への安心を予期させるだけの親しみに満ちた時間が必要なのです。笑顔でたたずみ，朗らかに笑い，あたたかな声をかける。大事なことを真剣に伝え，馬鹿話で笑い合う。派手でなくていいから，丁寧なあたたかな楽しい授業を繰り返す。そんな今日の親しみに満ちた時間が，明日からのリスク予期を低減させるのです。そうし

第4章　協働的問題解決能力を育てる学級経営　161

た日常がつくり出す信頼が，子どもたちのやる気を引き出す力を与えます。

　子どもたちのやる気の引き出しに関心を払わず，AL を進めようとすれば，それは，教師主導のそれ風のニセモノになるだけです。これからの教育活動において，

> 子どもたちのやる気を削ぐことは，生きる力を奪うに等しい

のです。

問題解決型学級経営への チャレンジ⑤

☐1 あなたは,子どもたちのやる気を高めることは,自分の職務を遂行する上で優先順位の高いこととして位置づけていますか。

☐2 あなたは,子どもたちのやる気を高めることに関する理論や方法を勉強していますか。

☐3 あなたは,子どもたちと信頼関係をつくることは,自分の職務を遂行する上で必須だと思っていますか。

☐4 あなたは,子どもたちの信頼を獲得するために努力していることや必ずやっていることがありますか。

☐5 あなたは,子どもたちと触れ合ったり,一緒に笑ったりする時間を確保していますか。

第4章 協働的問題解決能力を育てる学級経営 163

第4章 協働的問題解決能力を育てる学級経営

6 ▷ 子ども同士の信頼関係は「しつけ」から

教師が子どもと信頼関係を結ぶのは

　協働的問題解決能力の育成は，教師の信頼関係を構築することから始まることを述べました。しかし，教師と子どもたちの信頼関係ができれば，そうした集団に育っていくのかと言えば，そうとは限りません。教師が子どもたちと信頼関係を結ぶのは，さらに次の段階に進むためです。クラスの育成のために様々なことを教えなくてはなりません。クラスの育成に関しては，この分野のパイオニアである河村氏が，ルールとリレーションの形成が必要であることを以前から主張しています＊50。ルールとは，共有された行動様式であり，リレーションとはあたたかな感情交流のことです。ルールとリレーションの構築は，クラスが成り立つ必要条件とも言うべき学級生活の土台です。

　子どもたちが学び合う学習も，子どもたちによる問題解決も，これらの土台がつくられた上での営みとなります。ルールとリレーションの未形成なところで交流すると，傷付け合うなどの不適切なかかわりが起こります。すると，集団内の安心感が欠如してくるので，クラス全体の意欲が削がれ，教育活動が停滞してきます。そうなってくると，協働的問題解決能力の育成どころの話ではなくなります。学級担任を拝命したら，まず子どもたちとの信頼関係を結び，そこにとどまることなく（実際は，同時進行で），学級生活の土台づくりを進めることが必要です。

　しかし，ここで誤解してはいけないのは，ルールは子ども同士の間で守られるものであり，リレーションは子ども同士の関係性のあり方だということ

です。つまり，教師がいないと守られないようであるうちは，ルールではありませんし，教師の前でないとつながらないようでは，リレーションではありません。ルールやリレーションが子どもたちの中で定着するために，教師にはすべきことがあります。教師が子どもたちと信頼関係を結ぶのは，これをするためと言っても過言ではないと思っています。

　それは，「しつけ」です。

　子どもたちがルールを守り，あたたかな関係を結ぶための前段階として，教師がそれらを子どもたちにしつけている段階があるのです。クラスを機能させる教師は，

> 「やってはいけないこと」や「やるべきこと」を教え，身につけさせている

のです。それらが定着することによって，ルールやリレーションが形成されるのです。みなさんは，子どもたちにしつけをしていますか。また，しつけているならば何をしていますか。

「厳しい」しつけの意味

　教育におけるしつけとはなんでしょう。

　広辞苑（第六版）によれば，「礼儀作法を身につけさせること，また，身についた礼儀作法」のことを言います。みなさんは，しつけに対して，どんなイメージをもっていますか。昔のマンガでは，子どものおしりを叩くお母さんの姿がよく見られました。また，昭和の人気スポーツ根性アニメでも，頑固親父が卓袱台をひっくり返して指導をしていました。国民的アニメのお父さんも，よく息子さんを叱るときに「バッカモーン」と怒鳴っていました。どうも，しつけというと「厳しい」という形容詞が付随するようです。

　これは日本に限ったことではないようです。

第4章　協働的問題解決能力を育てる学級経営　165

カナダの児童臨床心理学者デュラントは、しつけについて「しつけとは叱って叩くことでしかないと思っている親も大勢います。」と指摘します[51]。またさらに、「「しつける」というのは「教える」という意味なのです。「教える」ということは、達成したい目標を決め、そのために効果的な教え方を考え、それを可能にする方法を見つけることを基礎とします。」とも指摘しています[52]。また、前出の森信三氏は、しつけ方において、「地位・年齢を越えて、自覚者の率先実行」を挙げています[53]。つまり、しつける側がまず自ら範を示すことを主張しているのです。日本だけでなく海外においても、しつけは「厳しい」というイメージがありながら、効果的にしつけをしている人たちは、違った方法をとってきたことがうかがえます。

> 学級経営がうまくいかない教師たちは、しつけで失敗している

と考えられます。当然のことながら、子どもたちは私たちの思った通りには動きません。自分を成長させることや集団生活を送る上で、未熟なところがあります。だからこそ、様々なことを教えねばなりません。しかし、しつけの内容もしつけの方法も実はわかっていない場合があります。言うことを聞かないから、叱りつける、または、諦めるといった態度では、必要なことが伝わるわけがありません。

しつけとは

私の見るところ、しっかりしつけをする教師としない教師がいます。また前者でも、その目的が集団の管理のためであり、子どもたちの生きる力を育てるためになっていないような場合があります。子どもたちをしつけるためには、何をどのように教えればいいのでしょうか。

先の森氏は、「家庭教育におけるしつけの三カ条」として、「祖父母や両親に対して、朝のあいさつの出来る子にすること」「祖父母や両親に呼ばれた

ら，「ハイ」と返事の出来る子にすること」「脱いだハキモノを揃え，立ったら椅子を机の下におさめること」を挙げています[54]。

　また，カリスマ経営コンサルタントとして活躍した船井幸雄氏は，正しいしつけを「より自由に，より好かれ，より応援されるくせづけ」であると言っています[55]。具体的には，「人に迷惑をかけないこと」「約束を守ること」「後始末をすること」「思いやること」などを挙げています[56]。

　これらに共通することは何でしょうか。

　私が新採用の時のことです。隣のクラスを，定年退職された超ベテランの講師が担任していました。その先生は，子どもたちに繰り返し繰り返し挨拶をするようにしつけていました。私はその徹底ぶりに，質問したことがあります。「先生は，どうしてそんなに挨拶にこだわっておられるのですか？」

　彼女は，未熟な若手教師に穏やかにこう言いました。

> 　「あのね，あの子たちは，社会に出たときに人に世話にならないと生きていけないんだよ。人に愛されるためには，まず，挨拶でしょう。」

　私は，その言葉に衝撃を受けました。先生は，子どもたちが社会に出たときの幸せを考えてしつけをされていました。また，森氏も船井氏も子どもたちが社会で幸せに生きるためのシンプルな原則を見抜き，そのためにしつけをしていたのです。しつけとは，

> 　周囲の人から愛されるための習慣形成

なのです。そして，その徹底したしつけを支えるエネルギーは，子どもたちへの深い愛だったのではないでしょうか。みなさんは，子どもたちが幸せになるためのしつけをしていますか。子どもたちに深い愛を届けていますか。

第4章　協働的問題解決能力を育てる学級経営　167

問題解決型学級経営への チャレンジ⑥

☐1　あなたは，子どもたちにしつけをしていますか。

☐2　そのしつけは，子どもたちが周囲の人に愛されるためのしつけに
なっていますか。

☐3　あなたは，身に付くまで，諦めずに丁寧に教えていますか。

☐4　あなたは，まず，自分から模範となっていますか。

☐5　あなたは，しつけるときに，子どもたちへの愛を自覚しています
か。

第4章 協働的問題解決能力を育てる学級経営

7 協働は万能に非ず

自立とは

　ここまでの話を少しまとめながら，さらに話を進めたいと思います。

　協働的問題解決能力の育成のスタートは，子どもたちとの個人的な信頼関係の構築であること，そして，その個人的な信頼関係を結ぶねらいは，私たちが子どもたちに対してリーダーシップを発揮するためだと述べてきました。リーダーシップとは，簡単に言えば，

> 目標達成のための影響力

のことです。子どもたちとの個人的信頼関係の構築に成功する教師は，それだけ子どもたちに対する影響力を強め，目標達成の可能性を高めるわけです。

　子どもたちの教育において，かなり重要な部分を占めるのが，しつけです。それが基盤となって集団を形成するルールが構築されます。これからの子どもたちの生きる力の中核は，協働的問題解決能力です。なぜ，それが必要なのでしょうか。それは，協働的問題解決能力が，変化の時代を生き抜く力となるからです。ではなぜ，協働的問題解決能力が，変化の時代を生き抜く力になるかというと，それが，子どもたちの社会的自立を実現するからです。子どもたちの幸せが，社会的に自立することによって実現することには異論はないでしょう。勿論，自立の度合いには個人差があります。それぞれの能力に応じて自立を想定すべきでしょう。しかし，自立とは，たった一人で生きることではありません。むしろ，

第4章 協働的問題解決能力を育てる学級経営　**169**

> 必要に応じて他者に効果的に依存しながら実現するべきもの

です。
　だからこそ，協働的問題解決能力が必要なのです。人生は山あり谷あり，解決するべき問題の連続です。その問題のなかには，一人で解決できない問題も数多くあることでしょう。そうした問題に向き合うときに，一人で抱えて八方塞がりになるのではなく，他者の協力を得ることで効果的に解決ができます。だから，

> 高い自立能力を支えるのは，他者と協力をしたり他者から必要な支援を引き出したりする力

なのです。それを通して，他者とより高次の信頼を構築していくことで，変化の時代をたくましく生きていけるのです。
　助けられる人が存在するということは，その周囲に助ける人がいることを意味します。協働的問題解決能力は多くの場合，双方向性をもちます。人に

助けられた経験をもつ人は，人を助ける可能性が高くなることでしょう。つまり，協働的問題解決能力をもつ人が増えると，それだけ助け合いが社会のあちこちで起こり，社会的自立ができる人が増えるのです。

　社会的自立能力を生きる力や幸せになる力と言い換えるとしたら，協働的問題解決能力を育成することは，多くの人が生きる気力や幸福を実感できる社会の実現に寄与することになります。学級経営におけるしつけは，クラスの凝集性を高めるため（まとめるため）や，ましてや管理をするため（逸脱行動をなくすため）ではなく，子どもたちの協働的問題解決能力を育てるために行うべきなのです。

協働のリスク

　このように述べてくると，協働こそ善であり，協働ができることこそが幸せの条件だと思われるかもしれません。しかし，本書は闇雲に協働することを礼賛するわけではありません。やはり，そこには注意事項があります。

> 協働における協力的関係を「仲良くすること」と捉えないこと

です。仲良くすることは，しばしばよい関係であることが目的化されます。「仲良し集団」というと必ずしも肯定的な意味ではないことからわかるように，好ましくない側面ももっています。一方，協働においては，目的を達成するために協力的関係を結びます。問題の解決は，その達成感による肯定的な感情により互いの結びつきを強くします。問題解決志向の集団の方が，生産性が高く，互いの関係性も良好になるのです。

　しかし，この協働は万能ではありません。協働は一人で作業するよりも個人の能力が引き出され，生産性を上げると捉えられがちですが，全く逆のことが起こり得るのも現実なのです。そもそも万能なものなどあるのでしょうか。もしあるとしたら，それは「全ては万能ではない」という認識です。子

第4章　協働的問題解決能力を育てる学級経営　171

どもたちに協働的問題解決能力を育てるからこそ，そのリスクを最大限押さえるような環境づくりをしっかりとすべきなのです。

　協働のリスクには次のようなことが挙げられます。

---

　　① ただ乗り
　　② 社会的抑止
　　③ 思考の阻害
　　④ 同調圧力

　それぞれを簡単に説明します。

① ただ乗り

　「ただ乗り」とは，無賃乗車の如く，成果の創出に対して然るべきコストをかけないことです。学習場面では，話し合いなどで自分の意見を言わずして，話し合った結果だけを享受することです。最も単純な例は，「ねえ，教えて」と一切考えずに答えだけ教えてもらうような行為です。「困ったら助けを求めましょう」と言ってもなかなかそれができない子どもたちがいる一方で，問題が出されるや否や「はい，答えを教えて」と言い出すような子がいることも事実です。

② 社会的抑止

　人からどう思われるかを意識しすぎて不安になり，意見を言わなかったり，人から受け入れられるような発言を志向して本音を言わなかったりすることです。思春期以降の子どもたちの意見によく見られる，「〇〇さんと同じです」という発言が連続する場合です。また，ペアやグループ活動のときは活発に話し合っていた子どもたちが，全体での発言の場面になると急に押し黙るような場合は，社会的抑止が働いていると見られます。

172

③ 思考の阻害

　協働においては，相手の視線や注目を受けたり，相手の話を聞いたりすることが求められます。また，相手の間に合わせて話すようなこともしなくてはなりません。つまり，自分のペースで学習したり作業したりすることができないのです。複数の作業を同時進行で行うために，思考が中断されたり阻害されたりすることがあります。みなさんも，一人で作業したい，一人の方が集中できると思うのは，こうした体験があるからでしょう。自分のペースでやりたい子には，協働することが苦痛であることがあります。

④ 同調圧力

　集団は，一緒に過ごしているとそこに一定の思考の枠組みや方向性ができてきます。誰に命じられるわけでもなく，なんとなくそれに沿うように行動してしまい，自由な発想や発言ができなくなります。「空気を読む」というよりも「読まされる」感じです。小学校の高学年女子が，私的グループ内で特有の行動をしていることがあります。誰かが指示しているわけではなく，暗黙の集団規範に従っているような場合があります。

　例えば，昼休みに一人の女子が，大勢で遊んでいるグループに入れてもらおうと「入れて」と言うと，ある子は，「Ａちゃんに聞いてから」と言い，Ａさんに聞くと「Ｂさんに聞いてみないとね」と「たらい回し」のようにされることがあります。誰かに決定権があるわけではありませんが，メンバーは自分以外の誰かが決定権をもっていると思っているのです。こういう集団では，協働をすると自由に意見が言えませんから，雰囲気が悪くなり，学習意欲が下がります。

　協働には，このようなリスクがあります。しかし，子どもたちの人生には，協働的問題解決能力が必要なのです。ここで教師の決断が必要なのです。ドラッカーの言うように目的を達成するには，「リスクを伴う起業家的な意思決定」が求められるのです。目標を達成する教師は，

第４章　協働的問題解決能力を育てる学級経営　173

> リスクがあろうとも，よりよい結果が出せる道を選択する

のです。

　協働的問題解決能力を高める学級経営においては，しつけは，仲良くする
ためのものというよりも，よりよい協力ができるためのものであり，それは，
協働において起こり得るリスクを可能な限り低減するようになされることが
望ましいのです。

問題解決型学級経営への チャレンジ⑦

☐**1** あなたは，協働すると，「ただ乗り」が起こることがあると認識していますか。

☐**2** あなたは，協働すると，「社会的抑止」が起こることがあると認識していますか。

☐**3** あなたは，協働すると，「思考の阻害」が起こることがあると認識していますか。

☐**4** あなたは，協働すると，「同調圧力」が起こることがあると認識していますか。

☐**5** あなたは，協働のリスクを認識してもなお，協働することは子どもたちの人生にとって有益なことだと思いますか。

第4章 協働的問題解決能力を育てる学級経営 **175**

第4章 協働的問題解決能力を育てる学級経営

8 教師が何もしなくていいようになるためには，教えるべきことがある

究極のリーダーシップ

　ここまで，協働的問題解決能力を高めることが必要だと言ってきました。協働的問題解決能力は，実際に力を合わせて問題を解決してみないことには，つまり，やってみないことには身に付かない能力です。しかし，問題が起こったからといって（または，問題を提示して），「さあ，解決してごらん」では，今の子どもたちには，ハードルが高すぎます。前にも述べましたが，協働するためにあまりに準備不足だからです。あなたの今のクラスは，いかがでしょうか。前の学年で，また，前の学校段階で自分たちの問題を協力して解決するようなことをしてきたでしょうか。

　恐らくやってきてはいません。しかし，前の学年や学校の教師たちを責めないでくださいね（もし，やっていたら「おめでとうございます」，それを継続してください）。社会の状況や学校を取り巻く環境が変わり，子どもたちをシビアな問題に向き合わせることが難しくなりました。クラスの問題を話し合うときに様々な困難が立ちはだかることは，現場に居る方ならすぐにわかることでしょう。実際にクラスでトラブルが起こったときに，その解決を任せることができるクラスが，今全国にどれくらいあるでしょうか。また，どれくらいの教師がそれを決断することができるでしょうか。何のトレーニングもしていないクラスでそれをすることは怖すぎます。また，先ほども述べたように，協働は万能ではありません。①ただ乗り，②社会的抑止，③思考の阻害，④同調圧力などのいくつかのリスクがあります。機会を与えれば，子どもたちが効果的な問題解決をするかと言えば，そうではないのです。

176

問題解決型学級経営においては，子どもたちに決定権を委ねる委任的リーダーシップをとります。

> 　究極的には，教師は「何もしない」

ことが望ましいです。現実的には，「教師があたかも何もしていないように見える」状態と言った方がいいかもしれません。教師があれやこれやと手や口を出すほど，子どもたちの主体性は失われていきます。それは火を見るより明らかです。しかし，育てていない状態で教師が何もしなかったら，子どもたちはそれこそ「何もしない」可能性があります。勿論，子どもたちは主体的な存在です。とことん待っていたら何かをするかもしれません。しかし，今の学校現場にそれほどの余裕があると思えません。

> 　教師が「何もしない」ようになるために教えるべきことがある

のです。それでは，子どもたちに何を教えたらいいのでしょうか。

自立のために教えること

　私がクラスの協働的問題解決能力を高めるために注目している実践に，アドラー心理学に基づくクラス会議（以下，クラス会議）があります。クラス会議は，話し合い活動として捉えられがちですが，子どもたちが人生において成功を収めるために必要な，知識やスキルや態度を，話し合い活動を通して，効率よく学ぶ方法です。

　クラス会議では，アドラー心理学の対人関係の基本的な態度である尊敬と信頼を大事にします。尊敬と信頼を基盤にした良好な関係性のなかで，学ぶべき内容は最も効率的に学ばれます。心理的安全性が確保できない状況では，それらにどんなに価値があろうとも，子どもたちは学習しようとは思わない

第4章　協働的問題解決能力を育てる学級経営　177

のです。また，よりよい生活をつくるには，その解決策を「教える」ことよりも「考えさせること」で，主体性を引き出します。

　こうした集団に尊敬と信頼の関係を築き，協働的な問題解決を可能にする一連の指導事項は，「ポジティブ・ディシプリン（肯定的しつけ）」と呼ばれています。クラス会議のあり方は多様です。従って，実践者によってその内容は少しずつ異なっているでしょう。次ページでは，私がクラス会議を実践する場合に，子どもたちにしつけていたことのいくつかを紹介します。話し合いの進め方は，参考文献をご覧ください[57]。ここでは，子どもたちに伝えていた内容を示します。

　これらは，子どもたちの活動の様子を見て，これらができている子どもたちを探して，そのよさを指摘した後でその行動を意味づけるときに語ります。勿論，子どもたちの姿から見られなかったときは，語り聞かせることもあります。当然，一度や二度では定着しません。繰り返し繰り返し，伝えます。これらは，みな「サンプル」です。この通り，子どもたちに伝えるべきだとは思いません。しかし，具体例がないと伝わらない場合もありますので，子どもたちに語るような形で表現してみました。

問題解決型学級経営への チャレンジ⑧

あなたは，以下に挙げるようなことをしつけていますか？

☐1　ポジティブな感情を伝えましょう

　普段の生活では，よい感情を味わうことも，嫌な感情を味わうこともあるでしょう。どちらに注目するのも自分次第です。日々，よい気分になったこと，誰かをほめたいこと，誰かに感謝したいことを心にとめて，それを誰かに伝えましょう。よい感情は言葉にしたあなたの心もそれを聞いた人の心も明るくあたたかくすることでしょう。

☐2　物事は順番にやりましょう

　誰かがずっと話をしていることはありませんか。順番に話しましょう。言えないときは，パスをしてもいいですよ。「パスをします」という意思を示すことも，立派な参加です。全員に役割がありますか。その役割は尊重されていますか。ここにいるみんなは，対等です。

☐3　みんなで決めて，みんなで守りましょう

　みんなにかかわることは，みんなで決めていますか。一部の人で決めていませんか。みんなにかかわることはみんなで決めましょう。みんなで決めたことはみんなで守りましょう。

第4章　協働的問題解決能力を育てる学級経営　179

□4 互いに尊敬し合いましょう

　人と人とが付き合う上で最も大切なことは，尊敬の気持ちです。尊敬し合う人たちは，互いの話をよく聴きます。互いを傷付けません。互いに助けを求めます。そして，互いに助けます。私たちは，傷付け合うためではなく，助け合うために，今一緒にいるのです。困ったことがあったら「助けて」と声を上げましょう。また，困っている人がいたら，「何かできることある？」と尋ねてみましょう。

□5 WIN-WIN を目指しましょう

　多くの人が一緒に過ごしていたら，ぶつかり合うことがあるものです。そんなときは，誰かが勝つ，誰かが負けるという結果を求めるのではなく，みんなが喜び，納得する解決策を目指しましょう。みんなで協力すれば，必ずそのようなアイディアが見つかるはずです。

□6 聞いていることを態度で示しましょう

　みなさんはどんな風に自分の話を聞いてほしいですか。笑顔で聞いてほしいですか，無表情で聞いてほしいですか。頷きながら聞いてほしいですか，よそ見をしながら聞いてほしいですか。話を聞くということは，耳に情報を入れることだけを言うのではありません。聞き手が，聞いていることを示すことで，話し手は聞いてもらっていることを自覚します。そして，人は，自分の話を聞いてくれる人を信頼します。つまり，聞いていることを態度で示すということは，相手とよい関係をつくることになります。

□7　相手の気持ちを考えた言い方をしましょう

　たとえ，あなたが正しいことを言っても，言い方を間違えると相手を傷付けてしまうことがあります。自分が違うと思っても，相手の立場に立てば，それは大切なことであり，本当のことかもしれません。まずは，相手の言い分を「なるほど」「そうだね」などと受け止めてから，「私は，〜思う」（アイメッセージ）などと言ってみるようにしてみましょう。そうすると，あなたの言い分はよく伝わるし，相手ともよい関係ができますよ。

- -

□8　話し合いの目的は解決するためです

　私たちが話し合うのは，どちらが正しくてどちらが間違っているのか決めるためではありません。互いをわかり合うためであり，問題を解決するためです。人を責めても罰を与えるようなことをしても，問題は解決しません。

- -

□9　多様な見方・考え方があります

　人はみんな異なった考え方をもっています。同じライオンを見ても，カッコイイと言う人もいれば怖いと言う人もいます。ある人が絶対に正しいと言っても，ある人から見たら絶対に受け入れられないということがあります。だからこそ話し合うことが必要なのです。

　完璧なものはないし，完璧な考え方はないのです。全てによい面とそうではない面があります。物事には多様な見方・考え方があるのです。

- -

□10 私たちの行動には隠されたメッセージがあります

人は人とのつながりを求め，それを居場所として捉えます。あなたが人の悪口を言ったり，みんなに協力をしなかったりしたときは，本当はそれをしたいのではなく，誰かに伝えたいことがあったからではありませんか。そしてそれは，誰かとつながりたかったからではありませんか。本当のメッセージを伝えたくても，その方法がわからなかったのかもしれません。「仲良くしよう」と言いたいけど言えなくて，悪口を言ったのかもしれません。「一緒にやろう」と言ってほしくても言ってもらえなかったので，協力しなかったのかもしれません。だからもし，側に好ましくないことをしている人がいたら，責めたり怒ったりするのではなく，「何かあったの？」と穏やかに声をかけてみましょう。

□11 人を勇気づけましょう

人がよい行動をするのは，よい行動をする勇気をもったときです。だから，もし，続けて忘れ物をする人がいたら「ダメだな，まったく」と言うのではなく，「～すると忘れ物しないよ」と解決策を伝えましょう。もし，あなたが解決策を思いつかなかったら，解決策を知っている人とその人をつなげましょう。きっと誰かがその人に解決策を教えてくれるでしょう。でも，本当の勇気を与えるのは，解決策ではなく，困っている人を支えようとした人たちの心と行動です。

第4章 協働的問題解決能力を育てる学級経営

9 協働的問題解決能力を育てる活動

個人の問題を解決する

では，協働的問題解決能力を育てる具体的な活動を例示してみましょう。ここに紹介するのは，「お悩み相談会」と「クラス会議」です。前者は，朝の会や帰りの会，後者は学級活動(1)の時間での実施を想定しています。

最初は「お悩み相談会」です。

話し合う議題は，主に個人の困りごと，悩みごとなどの相談ごとです。短時間ですが，互いの悩みや困りごとを相談し合う活動を通して，協力して問題を解決する力を育てます。

お悩み相談会

〈実施時間〉5～10分

〈実施方法〉

①相談ごとのある人がお題を出します。

　例)「部屋が片付けられなくて困っています。どうしたらいいですか?」

②輪番で解決策を出します。

③言えないときはパスします。

④時間になるまで解決策をできるだけたくさん出します。

⑤相談者が解決策を選びます。

やり方を伝えたら，ルールを提示します。教室に常時掲示しておいてもい

第4章 協働的問題解決能力を育てる学級経営 183

いし，スケッチブックなどに書いて活動時に提示してもいいです。

【話し合いのルール】
①基本的に「いいね」という態度で人の話を聞きましょう。
②思ったことはどんどん言いましょう，ただし，相手の気持ちを考えましょう。
③意見は短くまとめて言いましょう。できるだけたくさんの意見が出せるようにしましょう。

4人から5人のグループになります。輪番で相談したいことを出します。

イメージがない状態で「悩みごと，ありませんか」と言っても出ないと思います。クラスの実態によっては，最初は，教師が悩みごとを出してもいいと思います。

「今日は，ちょっと先生の相談にのってもらってもらいたいんですが，いいですか。」

普通の信頼関係ができていれば，子どもたちは喜んで活動を了承してくれるでしょう。その場合は，教師の悩みについて各班で解決策を出すような活動になります。子どもたちが相談ごとを出せる場合は，出せる子に出してもらってください。そのとき，「どうしたらいいですか？」という形で出してもらうと答えやすいようです。出揃ったら，グループで話し合いたい相談ごとを決めます。時間があれば，グループで出された相談ごと全てを議題にします。時間がないときは，どれか一つにします。

少し考える時間（1分程度）を取った後で，輪番で解決策を出し合います。例題の場合だと，「整理整頓タイムを設ける」「出した物は元の場所にしまう」「片付けなかったら大好きなものを我慢する」「毎日，家族に点検してもらう」「自分の部屋を使わない」などが出されるかもしれません。決めた時間内は，輪番でグルグル発言します。時間の管理は，最初は教師がやります。慣れてきたら，各班に任せた方がいいです。

時間になったら，相談者が出された意見の中から挑戦してみたい解決策を選択します。メンバーは激励の拍手をして終了します。

　慣れれば5分程度で実施できます。帰りの会などを使って，週1回程度実施できると効果的です。実践したことがない方は「これでクラスが変わるのか？」と不思議に思うかもしれませんが，確実に子どもたちは力をつけます。経験値が上がれば，互いに困ったことを気軽に相談し合うようになることでしょう。

　なお，発言内容の記録はＢ４～Ａ３くらいの大きさのホワイトボードが便利です。相談者がボードに出た意見を記録していくといいと思います。また，相談者が話し合い中に意見を言うか言わないかは自由です。

　「あのう，それ，一応全部やったことがあるんだけど，ダメでした。せっかくなんだけど，ごめんね。」
なんて，言いたくなるかもしれません。そうすると，よりリアルな話し合いが始まる場合もあります。また，「自分の部屋を使わない」などという一見ふざけたような意見は，悪意がある場合は指導が必要かもしれませんが，雰囲気を盛り上げるのに一役買ってくれます。

> 話し合いの成功のカギを握っているのは，雰囲気

です。明るく何でも言える雰囲気を大事にしてください。しかし，どんなに楽しくても，他者の心理的安全性を奪う行為には，しっかりと指導をしてください。

みんなの問題を解決する

　次に紹介するのは，クラス会議です。議題は，主に「みんなにかかわること」です。クラスのルールやイベント事の企画が主な議題になります。

> **クラス会議**
> ①議題の提案
> ②前回の解決策の振り返り
> ③解決策を集める（拡散）
> ④解決策をしぼる（収束）
> 　「Aをしたら，こうなるからいい」「Bをしたら，こうなるから心配」
> ⑤解決策の決定

　議題を集めることに関するよく見られる実践は，議題箱を設置して，「みんなで話し合いたいこと，クラスのことで困っていること，みんなでやってみたいこと」を募集するといったものです。こちらも最初は，出ないことがあります。そうした場合が予想される場合は，事前に先ほどのようなことをアンケートで聞いたり，教師から提案したりしてもいいでしょう。

　解決策の振り返りは2回目からです。2回目からは，前回の解決策がうまくいっているかどうか振り返りをします。「前回決めたことは，うまくいってますか，どうですか」と問えば，様々な反応があるでしょう。うまくいっているという意見が過半数を超えていれば，次の議題に進んでいいです。しかし，うまくいっていないという意見が過半数を超えている場合は，今の解決策を次のクラス会議まで続けて様子を見るか，新しい解決策を決めるかの選択をさせます。新しい解決策を決める場合は，そのまま③からの手続きに進みます。

　解決策を集める手続きのルールは，お悩み相談会と同じです。輪番で，解決策を提案していきます。それを黒板などに記録していきます。輪番が何周するかは，クラスの人数によって違います。25人を超えるクラスでは，1周が限界かもしれません。少人数のクラスでは，2周くらいできるかもしれません。収束の手続きが充実するには，この拡散の手続きで意見が豊富に出ることが望ましいです。しかし，あまり出すぎると収束の時間が足りなくなり

ます。制限時間の半分以上を超えないようにします。

　解決策をしぼる手続きでは，拡散の手続きで出た意見から，解決策として最も妥当なものを選ぶために，各意見のメリット，デメリットを挙げます。そうした判断をするときに，「もし，それをやってみたらどうなるか」という結末を予想させます。それをやってみたら起こりそうなよいことはメリットです。また，それをやってみたら起こりそうなよくないことはデメリットです。ただ，ここで注意したいことは，デメリットを指摘するときに，「〜だから反対です」という言い方よりも「〜だから心配です」と言うようにしたいです。これもアサーションの技能です。意見を出した子の感情に配慮するようにしたいものです。

　各解決策に出されたメリット，デメリットを比較して，妥当な意見を選択します。話し合っているうちに，全会一致になる場合もありますが，ほとんどの場合そうならないでしょう。そのときは，多数決です。多数決は慎重になされるべきですが，だからといって否定すべきではないと思います。多数決は，民主主義社会では公認された意思決定の方法です。解決策の拡散，収束を経た後になされるべきです。

　これが，「問題の発見・確認」「解決方法の話し合い」「解決方法の決定」「決めたことの実践」「振り返り」といった学習過程になっているのがおわかりでしょう。協働的問題解決能力を育てるときに，最も大事なことは「決めたことの実践」です。最初は，話し合いは稚拙です。全員が積極的に関与してない場合もあります。しかし，話し合いで自分たちの生活が変わる経験を積み重ねることにより，子どもたちの話し合いは真剣みを帯びてくるでしょう。

問題解決型学級経営への チャレンジ⑨

☐1　あなたは，「互いの悩みごとや困りごとを相談する時間」や「みんなにかかわることを話し合う時間」の必要性を，子どもたちに伝えていますか。

☐2　あなたは，子ども同士で「互いの悩みごとや困りごとを相談する時間」を設定していますか。

☐3　あなたは，子ども同士で「みんなにかかわることを話し合う時間」（学級活動(1)）を定常的に設定していますか。

☐4　あなたは，下記のような子どもたちの姿が見られたときに，喜びや感動を伝えていますか。
○自分たちの問題を自分たちで解決しようとしたこと。
○積極的に解決のためのアイディアを出したこと。
○互いを尊敬し合って話し合ったこと。
○教師の力を借りずに問題を解決したこと。
○問題が解決しなくても諦めていないこと。
などです。

☐5　あなたは，子どもたちの活動を，笑顔で見守っていますか。

第4章 協働的問題解決能力を育てる学級経営

10 問題解決型学級経営の
ロマンとリアル

問題解決集団がここにいた

　ここまで，問題解決型学級経営について述べてきました。その必要性や意味をご理解いただけたら幸いです。私は小学校の教師だった頃から，子どもたちの協働的な問題解決能力を育てたいと思い，試行錯誤を重ねてきました。しかし，うまくいきませんでした。

　そんなときに出会ったのが，クラス会議でした。教科の学習には消極的な子も，クラス会議の時間を心待ちにしていました。担任としては「やれやれ」と思うようなクラスの問題を，子どもたちは，生き生きと話し合っていました。教師が解決策を思いつかないような問題を話し合いを重ねながら解決する子どもたちの姿に驚きを禁じ得ませんでした。

　「今まで自分のやっていた学級経営は何だったのか……。」

　そんな思いすら抱きました。

　クラス会議は，「自分たちの生活上の諸問題を解決する話し合いを繰り返すことを通して，協働を実現するためのスキル，態度，価値を学び，子どもたちに協働的問題解決能力を身につけさせるプログラム」です。しかし，どうでしょう。「協働的問題解決能力の育成を」と言われても，理想としては理解できても現実味がないでしょう。

　その感覚はとてもよくわかります。ただ，クラスの問題や互いの悩みを相談し合う活動を中心に据えて，協働的問題解決能力を育てる教師がいます。そうしたクラスでは，話し合いの時間を心待ちにし，時間の都合でその時間が流れてしまうと残念がり，人が聞いたらうんざりするような問題も，嬉々

として話し合っています。また，学習はあたたかな雰囲気のなかで協力的に展開され，みんなで助け合って課題に取り組みます。さらに，自習時間にはみんながシーンとして取り組むなどのおまけまでついてきます。こんな姿を実現している教師があちこちにいることも事実です。

　また，地域の中心校ではなく，研究校でもない「普通の学校」で，しかも校長先生を含めた職員が何人も入れ替わりながらも，問題解決集団の育成を実現し続けている学校があります。ある時その学校を訪問すると，研修担当の先生が私の顔を見るなり，こう言いました。

> 　「先生がいつも講座でおっしゃっていた，問題解決を自分たちでする子どもたちがここにいました！」

　先生は，私の講座によく来てくださる方です。しかし，「自分たちで問題解決するクラスねぇ……そんなクラスができたらいいけど，でも現実はねぇ……」という印象があったそうです。ところが，この学校に来て，自分たちで学校生活を進める子どもたちの姿を目の当たりにして，愕然としたそうです。今年度から赴任した校長先生も初日から子どもたちの姿に驚かれた一人です。

> 　「自分もそれなりに，力のある子どもたちのいる学校にいましたから，この学校の子どもたちにもしっかり力をつけてやろうと思いましたが，新任式の日に，子どもたちの『圧倒的な姿』を目の当たりにして，もっていたプランが全部吹き飛びましたよ。」

と校長室で話されていました。

リアルな選択とロマンの追求

　この学校に，私たちが学校支援で４年間お世話になったのが数年前。支援チームが学校を去っても，先生方はずっとクラス会議を続けてきました。その学校の５年生のクラス会議を院生とともに参観に行きました。最初，「飛び込み授業を」と言われたのですが辞退しました。どうせ何もさせてもらえないからです。というのは，昨年もこの学校から同じような依頼があったのですが，クラス会議中，「ひと言」しか喋らせてもらえませんでした（笑）。だから，子どもたちからクラス会議を見せてもらい，参観者が学ぶ時間にしました。
　議題は「クラス目標を決めよう」でした。「絶対に１時間で終わらない」と私を含め多くの先生方が思いました。それでもそうなったとき，子どもたちがどうするか見てみようと思いました。しかしです……。個人思考からのグループでの意見の拡散，グループでの収束，そして，グループから出された意見の全体での検討と収束……そして，「え？」。２分オーバーしましたが，

第４章　協働的問題解決能力を育てる学級経営　191

開始から47分後には,「決まりました。拍手〜」とクラス目標が決まっていました。

さらに唸ったのは,その内容です。

学級目標を話し合うと大抵のクラスは,「仲のよいクラス」「勉強をがんばるクラス」など,「自分たちの利」に関心を向けます。しかし,この子たちは,6年生を助けたい,低学年に優しくしたい,いや,全校を助けたいという願いを出し合っているのです。この子たちが,社会的関心を全校に広げていることがわかりました。

この日の公開授業は「授業者」がいませんでした。強いて言えば,授業者は,子どもたち。担任はひと言も口出しをしません。出せるわけがありません。異動してきたばかりでクラス会議の名前すら知らないわけですから。子どもたちは,それを知ってか知らずか,話し合いが止まろうが,困ろうが,一切教師を見ませんでした。ひたすら助け合い,支え合い,合意形成をしようとしていました。参観者である我々はただただ,驚き,頷くしかなかったのです。

その学校に一番長く勤務する先生に聞きました。

「校長先生が代わっても,職員が入れ替わっても,なぜ,この姿を継続できたのですか?」

すると,次のような答えが返ってきました。

> 「クラス会議は,それぞれの担任が子どもたちから教えてもらいました。また,これまでの校長先生方もこの姿を『よし』とされているからこそ,続いてきたのだと思います。」

かつて,この学校の職員がこう言ったことがあります。

「先生,この学校にいたら私,ダメになりそうです〜。だって,どんな授業でも子どもたちがやる気満々で取り組むんですから。」

「協力し合って学ぶ子どもたち」「教師の想定を超えて活動する子どもた

ち」「自らの生活を自らの手で創る子どもたち」を見てみたいと思いません
か。問題解決型学級経営は，ファンタジーではありません。激変の時代を生
きる子どもたちに必要な力をつけるための，

> リアルな選択

なのです。

　授業づくりには果てがないと思います。しかし，ここまでお読みいただき
おわかりいただけたように，学級集団の育成にも「上には上がある」のです。
学級担任としてのロマンを追求してみませんか。

引用・参考文献

＊1　桂聖・川上康則・村田辰明編著，授業のユニバーサルデザイン研究会関西支部著『授業のユニバーサルデザインを目指す「安心」「刺激」でつくる学級経営マニュアル　すべての子どもを支える教師の１日』東洋館出版社，2014

＊2　前掲＊1

＊3　中原淳『駆け出しマネージャーの成長論　７つの挑戦課題を「科学」する』中公新書ラクレ，2014

＊4　Daniel H.Kim *Organizing for Learning : Strategies for Knowledge Creation and Enduring Change*, WALTHAM, PEGASUS COMMUNICATIONS, Inc. 2001.

＊5　須藤康介「学級崩壊の社会学　ミクロ要因とマクロ要因の実証的検討」明星大学研究紀要，教育学部，第５号，2015年３月

＊6　前掲＊5

＊7　前掲＊5

＊8　前掲＊5

＊9　河村茂雄『データが語る①学校の課題』図書文化，2007

＊10　前掲＊9

＊11　河村茂雄『学級集団づくりのゼロ段階　学級経営力を高める Q-U式学級集団づくり入門』図書文化，2012

＊12　河村茂雄・藤村一夫・粕谷貴志・武蔵由佳・NPO 日本教育カウンセラー協会企画・編集『Q-Uによる学級経営スーパーバイズ・ガイド』図書文化，2004

＊13　山田洋一編，「THE 教師力」編集委員会著『THE 教師力シリーズ　THE 学級崩壊立て直し』明治図書，2014

＊14　赤坂真二『スペシャリスト直伝！主体性とやる気を引き出す学級づくりの極意』明治図書，2017

＊15　西内啓『統計学が日本を救う　少子高齢化，貧困，経済成長』中公新書ラクレ，2016

＊16　前掲＊15

＊17　前掲＊15

＊18　国土審議会政策部会長期展望委員会「「国土の長期展望」中間とりまとめ概要」国土交通省国土計画局，平成23年２月21日

＊19　合田哲雄「新学習指導要領について　３つのポイントと改善の方向性」『総合教育技術』第72巻第３号，小学館，2017，pp.12-17

＊20　赤坂真二『スペシャリスト直伝！成功する自治的集団を育てる学級づくりの極意』

明治図書，2016

＊21　アルフレッド・アドラー著，岸見一郎訳『人生の意味の心理学　上・下』アルテ，2010

＊22　岸見一郎・古賀史健『嫌われる勇気』ダイヤモンド社，2013

＊23　アルフレッド・アドラー著，岸見一郎訳，野田俊作監訳『個人心理学講義　生きることの科学』一光社，1996

＊24　野田俊作『アドラー心理学トーキングセミナー　性格はいつでも変えられる』アニマ2001，1997

＊25　高坂康雅「共同体感覚尺度の作成」『教育心理学研究』59(1)，2011，pp.88-99

＊26　高坂康雅「大学生における共同体感覚と社会的行動との関連」『和光大学現代人間学部紀要』第5号，2012，pp.53-60

＊27　高坂康雅「小学校高学年の共同体感覚と学校適応感との因果関係の推定」『日本心理学会第77回大会発表論文集』，2013，p.990

＊28　小泉令三「小学校高学年から中学校における学校適応感の横断的検討」『福岡教育大学紀要』44，1995，pp.295-303

＊29　ジャン＝フランソワ・リオタール著，小林康夫訳『ポスト・モダンの条件』水声社，1989

＊30　ジグムント・バウマン著，森田典正訳『リキッド・モダニティ　液状化する社会』大月書店，2001

＊31　前掲＊30

＊32　前掲＊30

＊33　ジグムント・バウマン著，伊藤茂訳『アイデンティティ』日本経済評論社，2007

＊34　安野功『学力がグングン伸びる学級経営　チームが育てば選手は伸びる』日本標準，2006

＊35　前掲＊34

＊36　国立教育政策研究所編『国研ライブラリー　資質・能力　理論編』東洋館出版社，2016

＊37　奈須正裕『「資質・能力」と学びのメカニズム』東洋館出版社，2017

＊38　D．カーネギー協会編，山本徳源訳『リーダーになるために』創元社，1995

＊39　前掲＊38

＊40　前掲＊14

＊41　藤田耕司『リーダーのための経営心理学　人を動かし導く50の心の性質』日本経済新聞出版社，2016

＊42　河村茂雄『日本の学級集団と学級経営　集団の教育力を生かす学校システムの原理

と展望』図書文化，2010

＊43　杉田洋『よりよい人間関係を築く特別活動』図書文化，2009

＊44　赤坂真二『スペシャリスト直伝！学級を最高のチームにする極意』明治図書，2013

＊45　P．F．ドラッカー著，上田惇生編訳『【エッセンシャル版】マネジメント　基本と原則』ダイヤモンド社，2001

＊46　前掲＊45

＊47　森信三著，寺田一清編『森信三・魂の言葉　二度とない人生を生き抜くための365話』PHP研究所，2005

＊48　前掲＊45

＊49　中井大介・庄司一子「中学生の教師に対する信頼感と学校適応感との関連」『発達心理学研究』第19巻第1号，2008，pp.57-68

＊50　前掲＊11

＊51　ジョーン・E．デュラント著，柳沢圭子訳，セーブ・ザ・チルドレン・ジャパン監修『ポジティブ・ディシプリンのすすめ』明石書店，2009

＊52　前掲＊51

＊53　寺田一清『森信三先生随聞記』致知出版社，2005

＊54　前掲＊53

＊55　船井幸雄『躾　いま一番大事なもの』ビジネス社，1998

＊56　前掲＊55

＊57　赤坂真二『クラス会議入門』明治図書，2015

【著者紹介】
赤坂　真二（あかさか　しんじ）
1965年新潟県生まれ。上越教育大学教職大学院教授。学校心理士。19年間の小学校勤務では，アドラー心理学的アプローチの学級経営に取り組み，子どものやる気と自信を高める学級づくりについて実証的な研究を進めてきた。2008年4月から，即戦力となる若手教師の育成，主に小中学校現職教師の再教育にかかわりながら，講演や執筆を行う。

【著　書】
『スペシャリスト直伝！　学級づくり成功の極意』(2011)，『スペシャリスト直伝！　学級を最高のチームにする極意』(2013)，『一人残らず笑顔にする学級開き』(2015)，『最高のチームを育てる学級目標』(2015)，『自ら向上する子どもを育てる学級づくり』(2015)，『いじめに強いクラスづくり』小学校編・中学校編（2015)，『思春期の子どもとつながる学校集団づくり』(2015)，『気になる子を伸ばす指導』小学校編・中学校編 (2015)，『スペシャリスト直伝！　成功する自治的集団を育てる学級づくりの極意』(2016)，『スペシャリスト直伝！　主体性とやる気を引き出す学級づくりの極意』(2017)，『最高の学級づくり　パーフェクトガイド』(以上明治図書，2018) 他多数

〔本文イラスト〕木村美穂

学級経営サポートBOOKS
資質・能力を育てる問題解決型学級経営

2018年3月初版第1刷刊　Ⓒ著　者　赤　坂　真　二
　　　　　　　　　　　　　発行者　藤　原　光　政
　　　　　　　　　　　　　発行所　明治図書出版株式会社
　　　　　　　　　　　　　　　　　http://www.meijitosho.co.jp
　　　　　　　　　（企画）及川　誠（校正）広川淳志・西浦実夏
　　　　　　　　　　〒114-0023　東京都北区滝野川7-46-1
　　　　　　　　　　振替00160-5-151318　電話03(5907)6704
　　　　　　　　　　ご注文窓口　電話03(5907)6668
＊検印省略　　　　　　　組版所　株式会社明昌堂
　　　　　　本書の無断コピーは，著作権・出版権にふれます。ご注意ください。

Printed in Japan　　　ISBN978-4-18-138818-8
もれなくクーポンがもらえる！読者アンケートはこちらから →

学級を最高のチームにする極意

クラスがまとまる！協働力を高める活動づくり

小学校編 **中学校編**　赤坂 真二 編著

対話と協働で力をつける！アクティブな活動づくりの秘訣

「よい授業」をしている先生は、「よい学級」を作っています。魅力的な学びある授業の土台には、「対話と協働」が自然に出来るクラスづくりが不可欠。子どもが変わる！クラスが変わる！アクティブな活動づくりの秘訣を、豊富な実践モデルで紹介しました。

小学校編
A5判　144頁　本体1,660円+税
図書番号 2554

中学校編
A5判　152頁　本体1,700円+税
図書番号 2555

学級を最高のチームにする極意

教室がアクティブになる学級システム

赤坂 真二 編著

子どもが見違えるように変わる！学級システムづくりの極意

「機能するクラス」には、子ども達が自ら動き、円滑な生活を送れるシステムがある！日直や給食、清掃などの当番活動、係活動・行事活動など普段の活動にも認め合うことや交流を促すためのシステムを加えることで学級は劇的に変わります。アクティブな学級づくりの秘訣。

A5判　184頁
本体価格1,860円+税
図書番号 2588

学級を最高のチームにする極意

保護者を味方にする教師の心得

赤坂 真二 編著

保護者とのよい関係づくりが学級と子どもを育てる！

子どもや保護者との関係だけでなく、同僚や上司との関係に悩む先生方が増えてきました。そのような先生方へのアドバイスを①同僚とうまくやるコツ②合わない人とうまくやるコツ③初任者のためのサバイバルテクニックの視点から、具体的な実践事例をもとにまとめました。

A5判　144頁
本体価格1,660円+税
図書番号 1537

学級を最高のチームにする極意

職員室の関係づくりサバイバル うまくやるコツ20選

赤坂 真二 編著

職員室の人間関係20箇条！味方を増やす関係づくりの秘訣

子どもや保護者との関係だけでなく、同僚や上司との関係に悩む先生方が増えてきました。そのような先生方へのアドバイスを①同僚とうまくやるコツ②合わない人とうまくやるコツ③初任者のためのサバイバルテクニックの視点から、具体的な実践事例をもとにまとめました。

A5判　192頁
本体価格1,860円+税
図書番号 1527

明治図書　携帯・スマートフォンからは **明治図書ONLINE** へ　書籍の検索、注文ができます。▶▶▶

http://www.meijitosho.co.jp　＊併記4桁の図書番号（英数字）でHP、携帯での検索・注文が簡単に行えます。

〒114-0023　東京都北区滝野川7-46-1　ご注文窓口　TEL 03-5907-6668　FAX 050-3156-2790

いつでも・だれでも・どこでも 楽しく気軽に出来る 授業づくりのヒント NIE

土屋武志 監修　碧南市立西端小学校 著

「社会を見る目」や情報リテラシーを鍛える！NIE授業

「教育に新聞を！」これからの子ども主体の学びを支えるものとして，新聞は格好の教材です。新聞比較によるリテラシー向上や，社会を見る目，「見方・考え方」を育てる取り組みなど，NIE授業づくりの基礎基本と情報活用能力を高める授業モデルを豊富に紹介しました。

B5判　96頁
本体 1,460 円＋税
図書番号 0957

よくわかる学校現場の教育心理学
AL時代を切り拓く10講

堀　裕嗣 著

AL時代を切り拓く教師の生き方とは? 世界を広げる10講

主体的・対話的で深い学び、いわゆるアクティブ・ラーニングが導入されるなど、激変する教育現場。AL時代を生き抜くには、教師は何をすべきなのか？「行動主義」と「認知主義」の学習理論、動機付け、メタ認知の視点から考える"AL時代を切り拓く"10の提案です。

四六判　144頁
本体 1,560 円＋税
図書番号 0989

THE教師力ハンドブック
特別支援学級の子どものためのキャリア教育入門　基礎基本編　実践編

西川　純・深山智美 著

子どもの生涯の幸せを保障するために出来ることがある！

「特別な支援を必要とする子どもの一生涯の幸せを保障するために、学校が出来ることは？」保護者や施設、就職支援の方への実地アンケートをもとに、「学校卒業後を視野に入れた教育」「就労の仕組み」「今、卒業後の幸せのためにできる準備」とはどのようなものなのかを解き明かす、問題提起と提案の書。

基礎基本編
四六判　128頁 本体 1,500 円＋税
図書番号 2261

実践編
四六判　144頁 本体 1,600 円＋税
図書番号 1390

学級経営70 すきまスキル
低学年　高学年　中学校

堀　裕嗣 他編著

ハードとソフトで学級のつまずきを解消！微細スキル70

学級経営のつまずきは、実は遅刻した子への対応や日常の給食指導等における細かなズレの積み重ねが原因です。本書ではおさえておきたい学級経営のスキルを70の項目に分けて、「ハード編」として指導技術を、「ソフト編」として子どもに寄り添い支援する技術を紹介しました。

四六判　160頁
本体 1,800 円＋税
図書番号 2751, 2753, 2754

明治図書　携帯・スマートフォンからは **明治図書 ONLINE** へ　書籍の検索、注文ができます。

http://www.meijitosho.co.jp　＊併記4桁の図書番号（英数字）でHP、携帯での検索・注文が簡単に行えます。

〒114-0023　東京都北区滝野川 7-46-1　ご注文窓口　TEL 03-5907-6668　FAX 050-3156-2790

学級を最高のチームにする！
365日の集団づくり 小学／中学／高校

学級づくりの必読書

赤坂真二　編著
【図書番号・2501〜2506,2740〜2743】
Ａ５判　144〜176頁
本体価格1,600円〜1,760円＋税

★発達段階に応じた学級づくりの秘訣を,具体的な活動で紹介。
★「学級づくりチェックリスト」で学級の状態をチェック！
★学級づくりで陥りがちな落とし穴と克服の方法も網羅。

365日で学級を最高のチームにする！目指す学級を実現する月ごとの学級づくりの極意。スタートを３月とし，まず学級づくりのゴールイメージを示して，それを実現するための２か月ごとに分けた５期の取り組みをまとめました。１年間の学級経営をサポートする,必携の１冊です。

授業をアクティブにする！
365日の工夫 1年から6年

授業づくりの必読書

赤坂真二　編著
【図書番号・2721〜2726】
Ａ５判　136〜176頁
本体価格1,660円〜1,800円＋税

★主体的・対話的で深い学びを実践ナビゲート！いつでも始められる学期ごとの授業モデル。
★教師と子どもの会話形式で，「授業の流れ」がライブでわかる！
★「授業をアクティブにするチェックポイント」で，要点がまるわかり。

小学校の各学年で実現する「アクティブな授業づくり」を，１学期ごと，各教科別の豊富な授業モデルで収録。教師と子どもの会話形式で「授業の流れ」がライブでわかり，「授業をアクティブにするチェックポイント」で要点チェック。主体的・対話的で深い学びを実践ナビゲート！

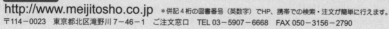

明治図書　携帯・スマートフォンからは　明治図書ONLINEへ　書籍の検索，注文ができます。▶▶▶
http://www.meijitosho.co.jp　＊併記４桁の図書番号（英数字）でHP，携帯での検索・注文が簡単に行えます。
〒114-0023　東京都北区滝野川7-46-1　ご注文窓口　TEL 03-5907-6668　FAX 050-3156-2790